U0608682

你若不离不弃，我必生死相依

司马相如与卓文君的千古韵事

张筱芃/著

中国华侨出版社

　　大汉的钟声从千年前传来，那雄浑厚重的钟音不禁将人带回那辞赋盛行的大汉王朝。那段恢宏的历史已经被掩埋在浩瀚史书画卷的一角，但汉赋的光辉却成为整个中华五千年文学史上浓墨重彩的一笔。

　　在汉赋盛行的时代，不乏杰出的文人骚客，贾谊、扬雄、班固、张衡这些都是汉赋史上让人仰视的存在，但唯有一人让他人望尘莫及，成为那个时代独一无二的"赋圣"，这个人就是司马相如。他是整个汉赋史中最特别的存在，他的辞赋才华、爱情佳话、人生哲学都成为后世不断推敲评议的热点。司马相如的人生本就是传奇，也作为传奇一直存在于汗青之中。

　　是非功过都将随着历史车轮的前进而被碾得面目全非。关于司马相如的人生，我们每个人都不过是旁观者。有人说他是痴情才子，有人说他是薄情好色之徒；有人说他的辞赋代表了汉赋的最高水平，也有人讽刺他的文章不过是阿谀奉承的无用之作。但是正如罗兰巴特所提出的"作者已死"，任何一种解读都可以成立。这世上本就是"一千个人眼中有一千个哈姆雷特",那如此而言便是"一千个人眼中有一千个司马相如"了。

只是无论是过度的贬低或者过度的夸赞都不过是将司马相如进行了某种神化之后的论点,是夸大了主观意识的定论。其实归根究底,司马相如也不过是普通的世俗之人,存在于这滚滚红尘之中,与这世间的千万人无异。而生之为人,固然有长处也有短处,客观处之,或许能够发现一个更真实的司马相如。

本书以司马相如的人生轨迹为线、汉赋作品为轴,结合《史记》《西京杂记》等多部史书资料力图呈现一个有血有肉的司马相如。这本传记不是为司马相如歌功颂德而作,而是想要展现司马相如生为这世间之人最真实的一面。

千百年来,关于司马相如的故事已经被世人广为流传,以致这其中的真真假假,再难完全分辨。但是那些曾经写下的文字永远是司马相如在这世间留下的最真实的印记,也是研究司马相如其人其事最有力的证明。

综观司马相如的一生,他的人生之路并不平坦。虽然千年之后享有"一代赋圣"的美誉,与卓文君的爱情故事更是被世人所称颂。但这盛名之下,那些一路走来的颠沛流离之苦却只有自己才知晓。人生便是如此,旁人在乎的不过是你历经千万之后的结果,往往对过程不屑一顾。若对司马相如的人生深究你便会发现,在生命之下,这一路早已是伤痕累累。

命运似乎总是爱捉弄这个天资不凡的人,总是让他处于悲喜交加的旋涡之中。本是出生在安汉(今四川蓬安)城内富贵之家的小少爷,理应拥有一个衣食无忧的快乐童年,却因为口吃之疾比同龄孩子承受了更多的煎熬。而待到成年,一腔热血要建功立业,一掷千金以赀为郎,却始终不得天子赏识;颠沛入梁,继而狼狈归蜀,一路曲折终得武帝赏识却难逃被陷害罢官的厄运,仕途上三进三出,这般大起大落的人生只落得一个抱病辞官的下场。或许这一生司马相如虽能笑傲文坛，却始终是一个仕途的失落者。

但若把司马相如归结为一个单纯的文人其实又不然，他自幼习武，初入朝为官之时做的也是武常骑士的武官，与文人相比，司马相如的身上还多了一些侠气和刚毅。只是这些对于司马相如的一生而言，不过是冰山一角，与他在汉赋的成就上相比更是微不足道。但并不代表这些可以被完全忽略，正是因为有过这样独特的人生经历，才让他成为不同于其他文人的"司马相如"，而更是因为有了武常骑士的这段经历，他才能够写出名扬千古的《子虚赋》和《上林赋》。

人生的经历永远是写作路上最好的养料，正因为拥有这些不同于常人的珍贵经历，司马相如的辞赋才更加充盈丰满。

文赋相伴一生，成就司马相如的不仅仅是那缥缈的文坛之名，这身外之物不过是后世强加的殊荣，对于那时的司马相如并没有太多的意义。曾经因为一篇《子虚赋》，司马相如先后得到梁孝王和汉武帝的赏识，这为他的仕途之路打开了通道。但这文赋的影响并不能支撑整个仕途，综观司马相如在仕途上的流离便可证明此事。

在文赋上，让司马相如受益终身的应该是他的夙世因缘。一曲《凤求凰》让司马相如成功赢得美人心，从而成就跟卓文君的千年爱情佳话。即便这段爱情被后世人多有诟病和误读，更有甚者将其解读为图谋卓王孙家财的不轨之举。这样的阴谋论的依据便是司马相如只因琴声便倾心于卓文君，这样的爱情不合逻辑。但是又有谁人规定一定要相见才能定情呢？这世上既然有高山流水的知音之情，多一段琴音许情的爱情佳话又有何不可？有人说如果卓文君是个面容丑陋的女子，司马相如便不可能一见钟情，也不会有其后的爱情佳话。但这世上从未有"如果"，而恰是这一番缘定的郎才女貌成就了司马相如和卓文君的一世情缘。

但司马相如毕竟是俗世中的一员，也会在万花丛中流连迷失，但这并不能否定当初的一段凤求凰的佳话。因为文有心生，在写下这首千古绝唱的当下，司马相如的心如同所写的痴情文字一般，至于而后的变迁未能说明这世上没有什么是无坚不摧的。而茂陵女子的出现便是证明了这一点。只是聪明如卓文君，一句"愿得一人心，白首不相离"便让已经心神出走的丈夫找到了回家的路。

　　自是风流但却并不绝情，这是司马相如身为文人面对爱情的特质，也是他可爱又可恨之处。而游走在官场之中，他懂得用文赋去迎合君主却不懂得同僚相处之道，于是才会称病不上朝，才会在立功之后被人陷害。这是司马相如身上矛盾的存在，虽然心中有对仕途的希冀，但是却不懂得世故圆滑的官场之道。对于同僚的疏离是司马相如内心清高的坚守，但是对于天子的逢迎却又让这样的坚守变得不再纯粹。游走在世俗洪流中，妥协或者坚守一直在司马相如的心中不断拉扯。

　　一本书，一场风花雪月，却道不尽司马相如整个人生。滚滚红尘随风飘散，千年之后世上再没有一个司马相如，而我们只能借助这些过往去勾勒属于司马相如的人生轨迹。这些关于司马相如的故事不过是他漫长人生中凤毛麟角的一部分，但却也是最能体现他内心的存在。将这些记忆片段一一拼凑，或许尘封在历史长卷中司马相如的过往便能够呈现出清晰的轮廓。

你若不离不弃
我必生死相依

司马相如与卓文君的千古韵事

目 录
CONTENTS

第一辑　蜀中少年 自是风流成一统

梅开偏隅，寂静却留香 \ 003

静水流深，独坐一隅吐芬芳 \ 010

名随一生，长卿相如道尽鸿鹄之志 \ 018

尘世流离，自此汉赋成一流 \ 026

第二辑　荼蘼花开 挥剑天涯不诉离殇

策马扬鞭，喧嚣尘上路寂寥 \ 037

山高水长，抵不过一场相见恨晚 \ 046

绿绮琴音袅袅，却只是镜花水月 \ 054

绝尘而去，往事已成云烟 \ 062

第三辑　万千宠爱于一身 终究不过黄粱一梦

春风得意马蹄疾 \ 071

抚琴弄剑歌舞人生，杯酒交错散尽愁梦 \ 080

子虚乌有，才情恰是一霎烟火 \ 088

末路繁华，断肠人在天涯 \ 096

第四辑　白首不相离 人间自是有情痴

蓦然回首，那人却在灯火阑珊处 \ 107

情牵一线，凤凰涅槃亦无悔 \ 115

爱不倾城倾国，却能倾我所有 \ 123

情系三生，我终浅笑应你 \ 131

鸿雁寄情，与君永不话离别 \ 138

第五辑　半生浮梦 一生颠沛

辗转官场，文章自是千古事 \ 147

悠悠天地，踽踽独行 \ 154

缘起缘落，故乡最是魂牵 \ 160

独自凭栏，终究是孑然一身 \ 166

第六辑　曲终人散 唯你生死相依

再回首已恍如隔世 \ 175

人生无常，浪漫在现实中瓦解 \ 181

百转千回，你依稀梦中相逢 \ 188

尘埃落定，岁月始终静好 \ 194

附录一　司马相如大事年表 \ 202

附录二　司马相如名篇导读 \ 205

第一部分 辞赋 \ 205

子虚赋 \ 206

上林赋 \ 208

大人赋 \ 213

长门赋 \ 215

凤求凰 \ 216

美人赋 \ 217

哀秦二世赋 \ 218

第二部分 散文 \ 219

谕巴蜀檄 \ 220

难蜀父老 \ 221

谏猎疏 \ 223

封禅书 \ 224

附录三　司马相如列传 \ 227

《史记》卷一百一十七·司马相如列传第五十七 \ 227

第一辑
Chapter · 01

蜀中少年 自是风流成一统

偏安一隅，有寒梅独自盛开，西南小镇，有少年静默成长。一代赋圣，名垂千古，但卸下世俗的粉饰，也不过是这大千世界中的渺小尘埃。司马相如的辉煌背后，那些青春年少的岁月，那些隐忍度日的时光，都随着时光的流逝被渐渐掩埋。

　　当汗青上的尘埃被轻轻拂去，那些独属于司马相如的年少时光便再次跃然纸上。万事万物皆有源头，生命的初始是每个人都无法抹去也无法忘却的，因此蜀中的成长岁月对于司马相如才显得更加弥足珍贵。

　　沿着司马相如的生命脉络往上摸索，那个白衣飘飘的蜀中少年仿佛重新回到人们的视线之中，将从"犬子"到司马相如的故事和那些暗藏在心中的梦想向我们一一道来。

梅开偏隅，寂静却留香

  岁月的笔墨轻轻挥洒，逝去的时光仿佛已经沉浸在静谧淡薄的湖水之中，可是只要投下一颗小小的石头，那尘封的记忆便如同涟漪一般渐渐扩散开来，让我们重新回到曾经那段岁月里。在漫长的历史长河中，有一个白衣飘飘的少年，他始终站立在这庞大历史画卷的一角，淡然而又静默地存在着，即便历经千年风霜，却始终不曾被世人遗忘。

  这就是司马相如，一个传奇却又孤立于世的存在。作为大汉王朝伟大的辞赋家，他的人生始终像渗透在角落罅隙里的光芒，在黑暗中闪烁，让人无法忽视，却又不喧宾夺主。似乎注定了司马相如此生要光彩夺目，也注定了要颠沛流离。

沿着历史的河流往回追溯，我们仿佛看到司马相如那生命初始的样子，也在这个纤弱寡言的少年身上慢慢摸索出他的整个生命轮廓。

当时间重新回到公元前 179 年，在山清水秀的"千年丝绸之都"安汉，富商司马家欢天喜地、一派忙碌的景象。这一切都是为了迎接一个新生命的到来，这喜悦里有对于新生命的爱和期盼——司马相如出生了。这个新生命让整个司马家陷入了幸福之中，看着这个面容清秀的孩子眉宇间竟然透着一丝英气，更是让父母爱不释手。在司马相如出生的当下，父母并没有急着给这个上天赐予的礼物起名，而是仅仅给了他一个乳名"犬子"。传统民俗中历来有贱名好养的说法，而这个生来有些体弱的孩子更是让父母倾注了所有的感情。于是承载着父母的疼爱，"犬子"这个昵称便伴随着司马相如的整个童年。后世受到司马相如的影响，沿用"犬子"来称呼自己孩子的习气蔚然成风。

只是在司马相如出生的当下，没有人会想到这个带给司马家族希望和喜悦的小小男婴，会成为影响整个汉代文学的大文豪；相反地，随着这个孩子的出生和一天天成长，家人对于他的担忧越来越多。

蜿蜒的山道、连绵的江水，一眼望去那青山之中云雾缭绕，仿佛这便是理想中的乌托邦。再望向那潺潺江水之中，依稀能看到跳跃的鱼儿和平坦蓬勃的绿草地。而在这山水之间便是那一望无垠的碧绿稻田。这便是安汉，一个隐藏在蜀郡的安逸小城，虽然地处偏远，但是却用肥沃的土地和富饶的物资养育了这一方天地里的百姓。而司马家与之安汉城的缘分，还要追溯到秦国初年。当年秦始皇灭亡六国之际，司马相如的祖父便举家迁居此处，开始了司马一家的新生活。这个历经朝代更替、战乱纷扰的大家族选择了这一世外桃源般的地方休养生息。虽然已经不再是当年富甲一方的大户人家，但是平平淡淡亦是幸福。从迁到安汉开始，司马家族开始从事农商生意，生活尚且算得上衣食无忧。

这里是司马相如祖辈选定的安居之所，也是司马相如人生的初始。不过是一个小小的城镇，从来未有什么能够留名青史，却不知道随着这个司马家的到来将改写这整个安汉城的命运，让它成为千年之后无数文人慕名前来、缅怀司马相如的朝圣之地。或许生命中真的有太多的意外让人无法预计，一如这静谧低调的小镇，一如司马家这个刚刚诞生的小生命。

在如此山清水秀、人杰地灵的地方成长，司马相如的童年本应该是充满童趣和幸福的。少时的司马相如度过了一段无忧无虑的童年，但是遗憾的是这样的时光并不长久。随着小相如一天天长大，家人发现这个有点木讷的孩子跟其他孩子似乎有着太多的不同。

自古英雄多磨难。如果没有经过风霜洗礼，便难以铸就傲人的成就，正如清澈溪水中的鹅卵石，如果没有经过日复一日、年复一年的溪水冲蚀，就不可能打磨出光滑柔和的外在。作为安汉富商家的小少爷，如果司马相如的人生从一开始便风平浪静，他便不可能有其后绚烂的文笔和潇洒多彩的人生了。傲雪寒梅，静自开放。童年的司马相如在光鲜亮丽的家世背景和生活环境的背后，自身经历的隐忍和孤独外人不得而知。

从出生开始，司马相如便成为集万千宠爱于一身的小孩。在父母的期待下出生、在呵护下成长这本是生而为人最幸福的状态。处于偏僻小镇的司马家虽然算不上名门大户却也是当地难得的富贵人家。祖祖辈辈的积累让这个家族过着富裕安逸的日子，而作为家中唯一的独子，司马相如的人生本应该一帆风顺。但是与之相反，司马相如的人生却远没有如此顺遂。在司马相如6岁的时候，他患上了严重的口吃，甚至连很简单的语句都无法表达。都说天才总是天赋异禀，在幼年就会显露出他人无法企及的天赋和光芒，但这句话在司马相如身上却完全没有应验。仿佛是上天跟司马相如开了一个玩笑，让这个原本应该天真无邪度过童年的孩子，比同龄人经历了更多的苦难和煎熬。

年仅6岁的孩子，正应该是好玩好动，对这个世界充满好奇和探索的阶段。曾经小司马相如也跟同龄孩子一样对外面的世界充满好奇。而司马家又正好在锦屏山下，更是让司马相如发现了一个童年的大宝库。葱葱郁郁的竹海、山间流淌的小溪，还有那盛夏时节满山的野花，这些都成为司马相如童年记忆中最亮丽的色彩。奔跑在这山间，仿佛整个天地都变得开阔了起来，那花间飞舞的彩蝶和偶尔在树林之中邂逅的野兔，都成为司马相如儿时最好的玩伴。

但是这样的喧嚣和热闹却慢慢地与司马相如渐行渐远。随着年龄增长，司马相如口吃的毛病越来越严重，经常一开口便被其他的孩子嘲笑。童言无忌但是却会对幼小的心灵造成伤害。而恶言恶语又经常是说者无意听者有心，周围的孩子和一些熟识的乡亲经常用"司马家那个结巴"来形容司马相如。这让小相如伤心不已，变得更加沉默寡言了。

　　孩子本就是敏感脆弱的，而外界的恶言恶语更是像尖刀一样将小相如心中的防护墙冲击得支离破碎。在被嘲笑之前，司马相如从未感觉到如现在一般的自卑，但是这些或是嘲笑或是怜悯的目光却让他真正意识到了自己与别人的不同。比较本就是这世界上最可怕的事情，而在毫无防备的情况下被告知自己与其他人的不同这更让司马相如感觉心中不是滋味。在最初被同龄朋友嘲笑之时司马相如也曾反抗过，只是作为孩子所谓的反抗也不过是靠拳脚解决。那时的司马相如经常回到家就满头包，而且时不时有孩子的家长找到司马家，找司马先生理论他儿子打人之事。这是作为孩子最直接、最单纯表达不满的方式，但是却也是最愚笨的方式。

　　很长一段时间，司马先生经常要帮司马相如理赔被打孩子的医药费，这让他对于顽劣的儿子失望不已。但是随着年岁的增长和家人的教导，司马相如的棱角被渐渐磨平，好似一只被拔掉刺的刺猬，变得隐忍又安静。

　　司马相如在自己的心中关了一扇窗，让自己免受外面尖锐目光的伤害，这样的自闭情绪无疑让他丧失了原本属于孩子的童真，但是却也让他拥有了不同于这个年龄阶段孩子的成熟和沉静。沉稳虽是优点，但加诸在一个孩子身上却太过沉重。与年龄不相符的沉稳却成了司马相如最沉重的负担。父母看到沉默寡言的司马相如，总是会愁上心头，为孩子感到忧虑和着急。他们不知道自己的儿子这种口吃是源于先天的疾病还是后天可以治愈的。但是父母永远不会放弃自己的孩子，于是司马相如的父亲访遍周边的名医，希望能够治好司马相如的病，让他跟其他孩子一样拥有一个绚丽多彩的童年。

但苦难未必一定是人生给予的厄运，对于司马相如而言，内向恬静的性格和口齿不清反而成就了他的勤学刻苦。木讷寡言的小相如总是遭到同龄孩子的排挤，每每外出都会跟同龄的孩子打架，经常顶着一头包回到家。看着这样的相如，父母心痛不已，但是却又无能为力。只是少年时期的残缺带给相如痛苦的同时也为他开创了一个不同于常人的新天地。因为自幼寡言孤僻，他便以书为友，终日沉浸在书海的世界里，司马家的书房便成了小相如最好的乐园。

年幼的相如识字非常之快，也让原本伤心的父亲感到了一丝欣慰，于是在闲暇之余，司马先生亲自拉着相如稚嫩的小手，一字一句地教他念竹简上篆刻的文字，在闲暇之时还教他弹琴。似乎从那时起冥冥之中就注定了司马相如这一世和文字的缘分。

如若读书只是死记硬背，那纵然不会有什么大出息。但是司马相如似乎自幼便懂得这个道理，他小小年纪就能将四书五经烂熟于心，但是却并不仅仅是背诵。而是经常边读边想，在读到某些章节之时还会跟父亲交流自己的想法。而每每语出惊人，总是让司马先生惊讶不已。

一字一句、一篇一章，随着年岁的增长，小相如的学问也在不断地增长，这个不善言辞的孩子为自己创造了一个新的世界。除了读书抚琴之外，司马相如还会偷偷看父亲舞剑，在旁暗暗学习。司马家本就是一个世代习武的家族，而司马先生的剑法也算得上炉火纯青。每个清晨，司马先生都会到锦屏山下习武练剑，但是他却从未发现躲在他身后的那双羡慕渴求的眼睛。待到父亲发现司马相如竟然会舞剑之时，内心无比惊讶，诧异之余便向司马相如询问他习武的原因。年幼的相如面对父亲的询问从容不迫，目光坚毅地望着父亲，答道："我在书中读到唐雎的故事，得知他不但足智多谋而且剑术高超，这让我佩服不已，于是我便想，如果想要功成名就不但要饱读诗书，更要文武双全。"

作为一个习武世家，让儿子习武本就是顺理成章之事，但是司马先生一直顾及司马相如尚且年幼，害怕年幼的他太过顽劣，习武之后会出去惹是生非，但是听完儿子的解释，司马先生心中暗喜，对于儿子小小年纪竟然有如此远大的抱负不禁刮目相看。于是，司马先生不但不再排斥司马相如习武之事，反而主动教他剑术。

自此之后，司马相如再也不用偷偷躲在角落练习剑法，而是跟父亲一起，晨起锻炼。于是当锦屏山尚且云雾缭绕、太阳尚未升起之时，人们便能看到山脚下一大一小挥舞宝剑的身影。山下树林之中风声萧瑟，利剑挥舞之时发出如风般的呼啸声，偶尔还能听到父子之间对决时宝剑相碰的清脆响声。冬练三九、夏练三伏，父子二人从未间断练习，司马相如的剑法也日益精湛。

在安汉的少年时光中，司马相如是孤独的，但是他却从来没有落寞过，因为他有诗书的陪伴，更有琴音剑术的安慰。他的人生仿佛是独自盛开在角落里的野花，在无人问津的岁月里静静地汲取养分，独自成长，进而绽放出最艳丽多姿的花朵。

当幽幽暗香随风飘来，那个文静沉默的安汉少年策马扬鞭，向着辉煌灿烂的未来奔去。

静水流深，独坐一隅吐芬芳

　　嘉陵江畔、锦屏山下，山水之间是炊烟袅袅的安静村庄。每到日暮时分，一户户屋顶的上方便飘散出白蒙蒙的炊烟，仿若在呼唤顽皮的孩童归家吃饭。这样的一个小城，鸡犬相闻、乡里和睦，仿若一个与世隔绝的隐世之地。

　　只是不经意的一个回眸，这安静的一隅已经历经千年的洗礼，再不是曾经的安汉小城。但是那些曾经印记着司马相如少年人生的一切都还依稀可见，向世人展现他曾经存在于此的证据。

　　生命周而复始，无论最终要经历多少波折，却始终会回归到最初的起点。这样循环往复的命运在司马相如身上体现得淋漓尽致。虽然一生命运多舛，但是这个天资聪颖、气宇轩昂的汉代才子，始于不凡归于不凡。

梅花吐芳，才让人循着香气来观赏它的婀娜，而司马相如在这个安汉小城静静绽放，让邻里乡亲对于司马家这个安静却聪颖的孩子赞叹有加。虽然身为这安汉城中的大户又深得父母宠爱，但是司马相如却没有恃宠而骄，反而主动帮助父母做一些家事。而更多的时候，这个寡言的孩子更愿意把自己深埋于书海之中，在知识的天地中遨游。或许正是感怀于儿子这番刻苦的模样，司马先生在家中的院落修建了一座书屋，让司马相如和周边的一些孩子跟着一位姓文的先生学习。

如若每个人都只是一束小小的火光，那么这一刻司马相如却因了这个书屋的成立整个人生都被照亮了。虽然不能跟其他小伙伴们一样流利地表达自己的想法，但其实这样的年纪又何须太多言语的表达，上山偷果子、下河捉小鱼，偶尔在草丛中捕捉几只蟋蟀，这便是孩子建立友谊的最好方式，对于司马相如来说也不例外。归根到底，此时的司马相如也不过一个幼稚孩童，即便内心比别人有更多的伤痛和思考，也依然不失孩子的天真童趣。管中窥豹，可见一斑。抑或此时的司马相如就已经预示了日后的人生轨迹，正如他一直心存浪漫却身处世俗，在这孩童时期亦是如此，虽然心思缜密、安静寡言但是也时常显露顽皮淘气的本性。

虽然多了小伙伴的陪伴，但是司马相如并没有因为顽劣而荒废学业。

望一望司马家院落前的一方池塘，便知道司马相如到底有多刻苦。司马家的院落本来依山而建，附近有玉环溪流经至此便汇成了这一方清澈见底的池塘，池中时常可见鱼儿畅游，也算是家前一番难得的景致。但是自从小相如开始习文写字，这方美丽的池塘便再不见旧时美丽。因为在文先生的教导下，司马相如开始接触书法，并且终日沉迷其中，于是这小小的池塘也便成了他洗墨涤笔的地方。

生性寡言让司马相如比别人多了更多的专注力，做任何事情都要全力以赴，习字亦如是。正是这种精益求精、废寝忘食，让司马相如的书法一日千里，也让文先生对他这个不善言辞的小徒弟赞赏不已。日复一日，不断积累，池塘的水也随着司马相如书法不断长进变成了墨黑色，于是周边的乡亲便给这池子取名为洗墨池。至今，后人游至安汉，依然会到这洗墨池旁静坐片刻，似乎能够在此看到少年司马相如提着笔筒在此洗涤毛笔的景象，而这方小小的池塘也见证了他的童年生活和在这里的所有喜怒哀乐。

人之初始往往能够映照以后的生活，而一个人性格的养成也往往离不开少年时期的一些习惯。"生而不凡"四个字并不是后世加诸在司马相如身上的光环，而是作为"犬子"时代的他身上的真实体现。

或许跟自幼习武练剑有关，司马相如身上似乎总有一些侠客的习气。虽然生性低调，不愿意在书屋之中出风头，但是却在关键时刻敢于挺身而出。对司马相如而言，读书习武都是为了学以致用，而如若在此外还有机会帮助到其他人，更是锦上添花。这种善用其智又不浮躁的性格在司马相如以后的官场人生中更是体现得淋漓尽致，不过这是后话。

在司马相如家旁边有一座老道观，每到金秋时节，梨花落尽，满树挂着黄澄澄的梨子。这一树金黄的梨子成为道观中别具一格的景致，而常常让路过之人垂涎不已。但是，如果仅仅是过路之人为了解渴摘几个梨子，老道人纵然不会生气，但若刻意毁坏那便另当别论了。而一次，道观里的老道士发现梨园里的梨子不知道为何会少了许多，梨树的枝丫也四散在地上，让整棵梨树都元气大伤。这让老道士气愤不已，这一棵梨树是老道人悉心呵护的成果，每当梨子成熟之时他都要将此作为赠予乡亲父老的礼物。而这般刻意糟蹋，定然让他怒火难平。

气愤之余，老道人静心苦思这糟蹋梨树的罪魁祸首到底是何人，便开始怀疑是不是司马家那些经常来道观玩耍的学童们偷了梨子。道观跟司马家同在锦屏山之下，而周围并无其他人家，况且梨树被糟蹋得七零八落的样子本就不像是大人所为谓，因此也难怪老道士要怀疑到书屋的孩子们身上。当老道士绕着梨园环顾一周，发现了梨园的围墙下有个不起眼的小洞，这洞的大小也就只有孩子能爬得过去，于是便更加肯定了内心的想法。于是老道士气冲冲地找到书屋的文先生，要他给自己一个交代。

偷盗之事虽然可耻，但是对于这些顽劣孩童而言或许只是为了顽皮所为，并无恶意。但是书屋的文先生依然感到无比汗颜，自己所教的学生竟然做出如此不堪之事，让他气愤不已，于是大声呵斥道："到底是谁偷了道观里的梨子？"不过是八九岁的孩童，面对先生这样的呵斥，谁也不敢承认，全部都默不作声。孩子们的态度更让文先生怒火中烧，于是便拿着戒尺，让学生一字排开，一个个接受打手板的惩罚。一时间书屋之中都是孩子的痛哭之声，但依然无人敢承认自己偷了梨子。而此时的司马相如看到同窗好友被打，便勇敢地站到先生面前，谦逊有礼地一作揖，向先生提议道："请先生息怒，这偷梨之事尚无定论是我们所为，而先生也已经惩罚了，相信真的有心偷梨的孩子心中也早已经长了教训。不如我来跟先生打个商量，您不是出过一句对联尚无人相对吗？如果我能够对得出来，希望先生能够高抬贵手，不再打我们了。"在这样的时刻，司马相如能够勇于站出来为大家承担，可见他的气魄和胆识，而他这般请求更是对于自己文采的自信。

文先生素来喜欢这个勤奋刻苦的"犬子"，听了他的话心中的怒气也便消了大半，心中也不禁好奇这小小的"犬子"到底想出了怎样的下联，于是便答道："你若真能对上来我便答应你的要求，若是不能你们每人还要接受二十大板！"

文先生言毕，只见孩子们面面相觑，不知是否该相信司马相如。这样的提议一荣俱荣、一损俱损，但是司马相如有勇气从容提出，并且自信应答。司马相如的心中早已经有了下联的答案，并不惧怕会答不上来。而沉稳的司马相如，若心中没有十足的把握，纵然不会如此轻易答应先生的条件。他对着众人微微一笑，对道："他年著文独占鳌头，肯定有我！"这样的对联不但呼应了上联，司马相如的豪气和自信也从中可见一斑。一个不满十岁的孩子，作出的对联却颇有几分当年楚霸王项羽"吾必取而代之"的气势。此对一出，只见文先生连连点头，就连在一旁的老道士都不禁称赞："小小年纪竟然有如此气魄，将来必成大器！"

荣辱只是须臾之间，但是小小年纪的司马相如却有气魄承担。于是一场闹剧就此结束。文先生不再惩罚学生们。老道士看完这整个过程不禁对着文先生感叹道："这小小'犬子'非池中之物，将来定能成大气候！"因为欣赏司马相如的文采和胆识，老道士便决定不再追究，甚至邀请书屋的学生们去自己的道观吃梨。

有心栽花花不发，无心插柳柳成荫。小相如在书屋一对成名，在乡里口耳相传，成为远近闻名的小才子。虽然只是一时的无心之举，但却让人久久称颂。但"才子"之称如若只是这一件小事那或许会让众人以为不过是昙花一现，不能长久。但司马相如的童年却充满了这样的奇遇，总是在不经意间显露自己的天赋异禀。

在当时的安汉城里，有一个姓田的地霸，横行乡里，总是想尽各种办法敲诈勒索百姓。一次，犬子跟文先生出行，在途经西河桥之时便不走运地遇到了田地霸。师徒二人看到西河桥下人潮涌动，但是却久久不散，不知道前方出了什么事情。打听之后才知道原来田地霸在桥上摆起了擂台，请了一位号称"学富五车"的老先生，要求过路人对上老先生的对联才能过桥，否则就要交过桥费。这无疑是打着摆擂台的旗号强收过桥费的行为。这样一来可把众人给难住了，但是此时司马相如走上前，看了一眼老先生地上的"无字对联"，便道："您这上联可是'纸上画龙龙不动'？"众人一看：老先生面前立着一竹竿，而竹竿之上放着一张画着龙的纸。这可不就是"纸上画龙龙不动"吗？而老先生心中也是一惊，这年幼的孩子竟然能够参破他这无字对联，望了一眼司马相如便微微颔首，默认了司马相如的猜测。

而司马相如不但看懂了上联，并且自信地走到田地霸面前说道："我能对出下联。"这一句话更是让众人惊讶不已，纷纷侧身打量起这个气宇不凡的少年。

众人不知道面前这个少年将如何对答，便都翘首等待，只见此时人群中走过来一个妙龄少女，头戴凤钗、步履轻慢。司马相如望着少女，心中便已经想好下联，于是又对田地霸说道："如果我能对出下联，能不能让所有人都过桥，并且不许再向任何人收取过桥费。"面对眼前这个毛头小子，田地霸自然不放在眼里，心想不过一个乳臭未干的孩子，说话还结结巴巴的，能有多大本事呢。于是便道："你若有能耐答上来我便答应你的要求，但是答不上来，这过桥费我可是要加倍收取了。劝你还是不要不自量力了吧！"

听到田地霸愿意答应，他心中暗喜，便用手朝少女的方向一指，答道："我的下联便在那位姑娘身上。"众人向少女望去，纷纷露出不解的眼神。而此时文先生却已经明白自己爱徒的用意，答道："老先生出的是无字联，我徒儿答的也是无字联，这下联便是'鬓边插凤凤难飞'。"听罢，众人恍然大悟。这对联工整又应景，让众人不禁连连称赞，对眼前这个少年刮目相看。而由于是在众人面前做出的承诺，此时已经无法反悔，田地霸虽然心有不甘，也只得给众人放行。

如若曾经书屋中的"偷梨闹剧"还只是让司马相如崭露头角，那这一次帮助乡里"桥上打擂"却让司马相如名声大震。

花香自有人来赏，这几次小插曲不但让司马相如赢得了少年天才的美誉，更让他曾经自卑封闭的心开始变得更加坚强。读书破万卷，下笔如有神。那些日夜苦读的日子也不过是为了让自己更加充盈，也让自己的人生更加有价值。而此时虽然司马相如只是一个不满十岁的孩童，但是却已经在一次又一次的磨炼中找到自己的价值，心中也慢慢勾勒出自己人生的小小蓝图。

司马相如的人生轨迹始于这小小的安汉城，也从这里开始熠熠闪光。虽然这一段又一段的小插曲在他漫长又崎岖的人生道路上不过是冰山一角，但是却为他的未来之路和个性养成打下了基础。

斗转星移、春秋交替，锦屏山早已经不再是昔日的模样，那曾经流淌的溪流、在山林间嬉戏的飞鸟，还有每个清晨司马家书屋中传来的朗朗读书声，都在年代的更替中不见了踪影。但是纵使人事皆非，洗墨池也已经只剩残垣断壁，正如司马相如终究要告别"犬子"的时代，向着未来不断迈进，但是那些属于他的童年往事却一直在这里流传，成为一代赋圣的千古佳话。

名随一生，长卿相如道尽鸿鹄之志

　　人活于世难免要沾惹尘埃，没有人能够在这滚滚红尘中独自孑然，但对于少年司马相如而言，却始终与这纷繁的尘世有一些格格不入。在喜欢热闹喧嚣的年纪，司马相如活得太过安静。这低入尘埃的姿态让人看到他的隐忍和卑微，也让人心痛不已。

　　在这偏僻的西南小城中，司马相如的圈子似乎格外的小，虽然只是一个尚未参透人世的年幼孩童，但是司马相如似乎早就注定了自己的与众不同，成为这小小城镇中一个独特的存在。极少出门的司马相如，守在这一方院落之中。他的世界是那么的小，似乎头顶上这四角的天空便是他的整个阵地；但是他的世界又是那么的大，心中那些烂熟于心的故事典籍，让他在古今之间自由翱翔。

本应是活泼好动、天真烂漫的年纪，但是司马相如却不知何时已经失去了孩童轻松天真的笑容，大部分时间他总是独自在书房之中，在读一些故事之时时不时地轻轻皱眉。年幼的相如跟同龄的孩子有太多的不同。或许此时沉浸在书海中的司马相如并不自知，抑或早已经习惯了这样安静的生活方式。本就生来与其他孩子不同，因此世界不同便也无可厚非。这尘世本就是一千双眼睛中有一千个世界，与众不同并没有什么不好。但是这样的不同在外人眼中却并非如此，众人望向司马相如的神情也多是复杂沉重的。

纵使父母知道自己这个万般宠爱的孩子是一个聪颖又有天分的孩子，但是在大多数人的眼中司马相如始终是一个口齿不清、沉默寡言的孤僻孩童。正是因为如此，少年司马相如有了更多独处的时间。这些寂寞又漫长的时光，对司马相如而言或许并没有常人眼中那般悲凉，反而是多了一些独处的闲适。屈原曾说："举世皆浊我独清，众人皆醉我独醒。"可想而知，这样的淡泊和孑然是多么的珍贵，又要付出多少不为人知的辛酸和沉痛。

生而不同的命运让司马相如比一般孩子更加沉稳和冷静，也更加知道自己想要什么。所以在小小的安汉城中，在司马家的偏隅一角，少年司马相如那灵动却不张扬的身影随处可见。只是这单薄纤细的小小身影在家人的眼中却并没有那么快乐。看到早早将童真烂漫掩去的司马相如，父母的心总是很沉重，好像有千万斤的巨石压在心头，久久得不到缓解。每当看到独自抚琴弄剑的小相如，父亲的目光便格外复杂，总是在欣慰中透着一丝悲伤。

可怜天下父母心。没有人不希望自己的孩子能够健康长大。望子成龙、望女成凤一直都是千百年来中国根深蒂固的传统，但是在这个富裕又和乐的家庭中，司马相如的健康似乎才是更重要的事情。月有阴晴圆缺，谁的人生都不可能完美，上天给予司马相如磨炼成长的机会，却也让他失去了一般孩童天真烂漫的童年。为了治好司马相如的口吃，司马家请遍了安汉城中的大夫，希望能够治好他。只是事与愿违，小小的安汉城里并没有拯救司马相如的神医妙手，于是司马一家为了司马相如能够获得更好的医疗和生活环境，毅然决定举家迁往蜀郡。

再不见鸡犬相闻、炊烟袅袅的梦中家乡，童年嬉戏玩闹的小溪、晨雾中挥剑习武的翠绿山丘都已经随着迁移变成了昨日云烟。挥别故乡，让司马相如的人生迈入了一个新的阶段，只是幼年时的那些时光依然存留在心里，时不时在心底激荡出一波不断延绵的涟漪，让司马相如回头张望。因此在此后的岁月里司马相如多次回安汉城，在这片生育他的土地上缅怀旧日的时光。

从安汉到蜀郡，幼年相如挥别了稚嫩的童年，向着未来一路奔跑，迈向更加广阔的天地。不同于安汉的静谧和淳朴，蜀郡的繁华和喧闹让人真正感受到盛世光年的渲染。朝夕之间，人生早已千变万化。只是对司马相如而言，地域的变迁、鎏金地域的洗礼并没有让他的心变得纷繁复杂，而是让他在喧闹中越发地沉稳和平静了。

作为当时蜀地最繁华的地域，蜀郡对于一个孩子的吸引力可想而知。这里有琳琅满目的商品和玩具，街道上的商贩络绎不绝，穿梭于来来往往的人群之中，小相如仿佛进入了一个新的世界。但或许是天性使然，司马相如并没有被这繁华盛世所迷惑，也没有因为这喧嚣的地域变得开朗顽劣。于他而言，读书、抚琴、习武便是生活的全部。司马家的庭院中专门为司马相如建造了一方琴台，每当相如至此，便有玉珠般的清脆琴音响起，整个庭院都沉浸在一种静谧又悠扬的氛围中，仿佛此时时空都已经静止，唯有袅袅琴音不绝于耳。而司马家前的水塘之中，原本清澈见底的池水也随着司马相如不断地洗涤毛笔而变得黑漆漆一片。

虽然为人低调内敛，但是这羸弱少年身上的光芒依然无法遮挡。对于司马相如的成长，父母自然是喜上眉梢，但是作为一个世代务农从商的家庭而言，以及在时代的大环境中，男人必定是家中的主要劳动力，十几岁的年纪已然应该承担起分担家庭劳作的重任。但是早已经被父母骄纵惯了的司马相如对于劳作一事毫无兴致，将全部身心投入到舞文弄墨、习武强身当中。这在当时的年代无疑是不务正业的行为，于是司马先生也经常看着儿子叹息道："还真是不成器的犬子！"

只是司马先生说归说，内心却依然希冀儿子能够成为人中龙，特别是聪颖的司马相如早就显示了自己的天赋。司马先生的口是心非里有种恨铁不成钢的无奈，也有一种别样的期盼和鞭策。小小年纪才情却早已经名扬乡里，人人都知道司马家有个口吃却文武双全的小少爷，这对于司马相如而言是肯定也是一种负担。少年成名，如若日后真能功成名就，那也算是能够慰藉父母、回报乡里；但是若只是"小时了了，大未必佳"的中庸之才，受到的嘲讽和诟病也必定是多于常人的。司马先生何其聪颖之人，自然明白这"盛名之下其实难副"的道理，因此在对儿子的教育上更是倾尽心力，不敢有丝毫的怠慢。

无论时代如何变迁、环境如何更替，这世上亘古不变的就是父母对于子女的疼爱之情。曾经，孟母三迁只求为儿子换得一个好的教育环境，曾子之父为子杀猪也不过是为了教给曾子一个言而有信的道理，这世上的父母都愿意为了孩子倾其所有。而今司马家更是举家迁移只盼能让司马相如获得一个新的天地。安汉蜀郡之间距离算不得遥远，对于一个孩子而言或许只是一次简单的迁移，但是对于一个家族而言却是声势浩大的工程。为了迁移到蜀郡，司马先生几乎是孤注一掷，将安汉的田地、家宅全部变卖，在蜀郡置业添地，重新开始。

为了能够让司马相如接受更好的教育，司马先生费尽心力将司马相如送进了当地的官学。如果说人生是一场设满关卡的竞赛，那么这一次入学应该是司马相如通往绚烂未来的第一道真正意义上的关卡。在官学的日子里，司马相如才真正感受到人生的色彩。因为原本就对于读书习文有着浓厚的兴趣，而且司马相如从来不会不懂装懂，对于任何不懂的问题都不耻下问。这小小的蜀郡官学似乎成为司马相如心中的一个无与伦比的乐园，让他不断地汲取养分、不断地成长。如此敏而好学、聪颖勤勉的司马相如深得老师的喜爱。而他妙笔生花的文章和渊博的学识也让周围的人刮目相看。在学堂里，他不但收获了知识，同时也收获了两位挚友。他们就是王吉和杨得意。一向孤僻的司马相如第一次感受到同龄孩子的乐趣。越是艰难地获得便显得越为珍贵，司马相如非常珍惜在官学收获的这段难能可贵的友谊，在任何事情上都跟自己的两个朋友同进同退。重义气的司马相如也因为这珍贵的少年情谊点亮了自己原本灰暗的人生。而在其后的岁月中，王吉和杨得意也成了司马相如仕途上不可缺少的助力。

人生有时候只需要一个小小的窗口就能让整个世界颠覆。积水成渊，积土成山。曾经的那个恬静少年在时光的沉淀中渐渐变得坚强起来，从进入官学开始，司马相如的人生窗口也已经打开。

即便是吴下阿蒙也有让人三日不见刮目相看的本领，而那曾经在锦屏山下习武弄剑的冷清少年，也在一天天的磨砺中慢慢蜕变。司马家的小小"犬子"再不是那个任人欺辱的口吃少年，而是慢慢成长为潇洒帅气的风流才子。从司马犬子到司马相如，这个眉目朗清、英俊倜傥的白衣少年已经完成了一次生命的涅槃。

常言道："人如其名。"小小的一个名字不仅是一个人的符号更是一种精神的象征。当年父母为相如取名"犬子"，虽然低贱粗鄙了一些，却寄托着孩子能够健康成长的美好希望。但是毕竟姓名始终是一个人的脸面，"犬子"之名始终不是一个好的称呼。

如果说少时的司马相如尚且对于"犬子"一名不以为意，但是随着年岁变迁、学识积累，司马相如很难再接受这样一个名字。于是在读到赵国蔺相如的故事之后就将自己的名字改为了司马相如，字长卿。从"犬子"到"司马相如"并不仅仅是一次改名，而是这个蜀中少年对于自己人生的一次自我反省和审视，是他人生转折的象征。

在司马迁的《史记·司马相如列传》中写道："相如既学，慕蔺相如之为人，更名相如。"在少年司马相如的心中，蔺相如虽然出身卑微却能够凭借自身的聪明才智得到重用，从而名留青史，这让司马相如钦佩不已，于是将自己的名字改为司马相如以立志成就一番建功立业的大事业。读史以明志，司马相如从名臣蔺相如身上看到的不仅仅是一种榜样的力量，而是自己未来奋斗的方向。

在那个远去的时代里蔺相如位列丞相之职，并将他的丰功伟绩传颂至今：完璧归赵、廉颇负荆请罪、壮大赵国……一个又一个故事让司马相如听得钦佩不已。蔺相如的胆识、才智都成为司马相如学习的榜样，而这个名叫蔺相如的人也深深地印刻在司马相如的心里，"相如"之名更是跟随司马相如一生，并且在汉史之中留下浓墨重彩的一笔。而司马相如其人，似乎正是契合了某种命运的轮回，虽然跟蔺相如生于不同的年代，却因了一份少年的欣赏在时光隧道中相逢。在蔺相如离世多年以后司马相如以此为名，并许下"令长卿相"的鸿鹄之志，这段佳话成就了司马相如其后的人生。

当人生的鎏金地域真正来临，这小小的蜀郡已经不能承载司马相如逐渐远飞的梦想。司马相如曾经对父亲说："人生于世必须成就功业，树立远大志向，这才是读书人的真谛。"而对于司马相如而言，要真正展翅高飞就必须有容得下他的广阔天地，而这地点显然不是蜀郡。

正如曾经蹒跚学步的年幼孩童，慢慢也会挣脱小小的庭院，迈向外面的大千世界。而心怀雄心壮志的司马相如亦如是，他人生的窗口已经打开，更加广阔的天地正在向他招手。当命运的转折点再次不期而遇，司马相如向着未来跋涉的脚步也越加铿锵有力。

尘世流离，自此汉赋成一流

诵读声朗朗，声声不绝耳。身在蜀地的小小庭院，但是司马相如的心却早已经穿梭于古今之间，在书中找寻圣贤哲人的踪迹。胸怀大志，自然不能满足于蜀郡这一方小小的天地。但是即便是雄鹰展翅也要历经万般的磨炼，于司马相如而言，此时的他正如尚未拥有飞翔能力的雏鹰，一步步丰满自己的羽翼、磨砺自己的利爪，希望能够跟蓝天来一场美丽的邂逅。

男儿志在四方，从改名的那一刻起，司马相如就确立了想要建功立业的雄心抱负。如若说曾经的少年"犬子"只是天赋异禀，却一直在黑暗中踽踽独行、迷茫摸索，此时的"司马相如"便已经寻到了人生的灯塔，他的目的地早已经明确，生命的轮廓也历历可见。

习文写字、诵读诗书是少年司马相如生活中不可缺少的部分，但是当《诗三百》已经烂熟于心；《离骚》《远游》已如亲临屈原的颠沛人生；更不必说《诗经》《论语》《国策》《春秋》等诗书典籍，这一切都已经成为司马相如成长路上沁入骨髓的养分，成为他身体的一部分。"学富五车"四字在司马相如身上得到淋漓尽致地体现，而每当司马相如跟好友王吉、杨得意等人交流心得、以文明志之时，司马先生看着儿子脸上的从容和喜悦总是欣慰不已。

得子若此，夫复何求。转眼之间，曾经羸弱单薄的安汉少年已经成长为蜀地第一才子，这位只有二十岁的年轻后生，成为整个蜀地的骄傲。人人都知道蜀郡大户司马家有个文武双全的才子司马相如。途经司马家的府邸，不时便有悠扬清丽的琴声飘出来，此时经常有人驻足倾听，从司马相如的琴音中寻得安慰。而无论是三九严寒还是炎热沉闷的盛夏，司马先生跟司马相如一起习武弄剑的身影更是从未间断。"盛名之下其实难副"，这样一个儒雅朝气，刚毅却又多情的司马相如，一时间成为蜀地人目光的焦点。而这座陪伴他成长的地域似乎越来越无法容纳他的存在。雄鹰终究是属于天空的，曾经的巢穴无论有多么温暖，终究无法牵绊他飞翔的脚步。

早已经是学有所成，但是眼看着司马相如已经成年，却不知要做何营生。蜀地于司马相如而言已经从少年初到之时的大世界，变为局限他成长的金丝笼了。而正是此时，一个机缘让司马相如暂时缓解了这种不知去向何处的苦闷。当时正值文翁要在蜀郡兴办学校来发展教育，而早已经在蜀地名声远扬的司马相如便成为文翁想要聘请的老师。于是，待学校盖好之时，文翁亲自登门拜访，请司马相如到学校任教。传道授业也算为司马相如所学找到了用武之地。而正是在这种"教学相长"的氛围中，司马相如自身学业也突飞猛进。只是于司马相如而言，心中的鸿鹄之志显然不是安心在这小小的蜀郡做一个教书郎，这不过是在等待时机之时的权宜之计。

其实人生之路要如何行进，在司马相如的心中早就已经勾勒出了轮廓，他心中的凌云壮志牵引他走出这座城，迈向更加广阔的天地。但是心中所想跟现实碰撞，并不是那么一帆风顺。人生若能时时做到"所想即所得"，那便没有所谓的"怀才不遇"了。此时的司马相如早已经是万事俱备，只欠东风，他需要的不过是一个能够跳跃的机会。司马相如所想如是，司马先生所想亦如是。这个被司马家全家呵护长大的孩子，再也不是曾经那个"犬子"，但是全家的爱护和支持却一如初始。若能够帮助司马相如功成名就，整个司马家族愿意倾囊而出。

皇天不负有心人，属于司马相如的机会终究到来。当时的朝廷实行以赀为郎的选官制度，规定家资达到十万者即可得官。这并不同于买官、捐官，但是却是一种以家庭财力作为选官条件的制度。古语有云："衣食足而知荣辱。"此话并非全无道理。如若连家都无法治理得当，又何谈治国立业呢？而汉代初期，大多受封官吏多因在战争中建功立业而得到官位，官员中文人儒士屈指可数。以赀为郎虽然不能彻底改变这种局面，但却也是当时汉景帝顺应时势所为。对于当时的名门大户、富贵之家而言，凭借以赀为郎来进入仕途无疑是最好的途径。

生于富贵之家，司马相如却从未因此纨绔乖戾，但是此刻的司马相如却是第一次庆幸自己有如此身世。自幼患有口疾，便知自己的一切都要靠努力去争取。无论是习武练剑还是吟诗作赋，司马相如都表现出了异于常人的刻苦和执着。十年寒窗苦读，只为一举成名天下知。虽然未能"天下知"，但他的才情和风采早已经扬名于整个蜀地。而此时以赀为郎，或许是上天对司马相如的眷顾，让他能够成为这场选官改革中的获利者。

机遇便如此从天而降。负责选官的官员来到司马相如家，对司马相如的文采、武术以及琴艺等多方面进行了考核，同时核实了司马家的财产状况，以此来判定司马相如是否符合以赀为郎的条件。待到查核结束，司马相如的仕途便正式展开。虽然只是一个不起眼的郎官职位，但是这却是司马相如整个理想的起点，寄托了整个司马家族的希望。

待到朝廷的批文重新下发，司马相如为郎的公文正式通过，距离司马相如离家的日子便越来越近了。离别总是满带着伤感，但是司马相如的这场离别既没有"杨柳依依"，也没有伤情别绪。这是一场为了新生而进行的告别，在司马相如心中只有满满的期待和憧憬。

于是，在离别前夕，司马相如走街串巷、拜访曾经的恩师和好友，诉说别情也收获祝福。而司马家更是为了这场离别费尽了心思，开始了无比忙碌的筹备。当时汉景帝规定，以赀为郎的官员要自备资用钱财，准备上京的车马和穿戴。而这筹备物质的重担理所当然地落在了司马相如家人的身上。

慈母手中线，游子身上衣。眼望着儿子上京的日子越来越近，司马夫人便跟府中的仆人一起，为司马相如缝制新衣、添置被褥。一件件新衣都饱含着司马夫人对儿子的情。眼看着行囊越来越满，司马夫人却总觉得还是不够，于是便命人去购买上等布匹，继续为儿子制衣。在司马夫人心中，司马相如此去长安是光宗耀祖的行为，而那偌大的京城自然不同于这小小的蜀地，心中想着一定不能让儿子失了面子。

可怜天下父母心，虽然早已经知道儿子必定要远行，心中也期盼儿子能成就一番事业，但是面对离别，总是免不了担忧和伤感。司马先生来到司马相如曾经诵读诗书的书房，将儿子的竹简、笔砚和琴一一打包收好，又仔细盘点检查之后才安心地放入箱中。离别的前夜，司马先生将司马相如叫到房中，仔细嘱咐他此行要注意些什么、到了长安要做些什么，巨细无遗地为儿子分析了一切他可以预想的状况。

这便是父母的不同，母亲总是会担心孩子的衣食住行，而父亲却会更多地关心孩子的前途命运。但无论是何种关心最终都殊途同归，那便是浓浓的父母之爱。

当行囊已经装好，离别的脚步也不期而至。这一日，司马家仿若过节一般热闹，周边听闻司马相如要上京的乡亲父老全部聚集于此，来为司马相如饯别送行。面对年迈的父母和热情的乡亲，司马相如心中不禁思绪万千。这是一场早就注定了的离别，但心中却依然充满不舍，那些年少的时光，那些曾经挑灯夜战的夜晚，一幕幕在司马相如心中回放。故乡自是情深，但是纵使千般不舍，也抵不过那闪光的未来的招手。

司马相如握着父母的手，望着他们早已经花白的头发和眼眶中隐忍的泪水，心中有千言万语却只道出了一句："珍重！"他久久地望着自己的父母，心中更是坚定了要出人头地、扬名立万的决心，因为这一走带走的不仅仅是这一马车的行李，而是整个家族的荣耀。都说父母在不远游，但此时司马相如的远游中不仅有自己的抱负，更有父母的爱和期盼。最后对着父亲说了一句："父亲，希望你能好好照顾母亲，保重了！"道一声珍重，挥一挥双手，启程的时刻便已经来临。

最后，司马相如向着送行的乡亲父老深深地一鞠躬，便辞别上马，向着长安奔腾而去。

司马家街坊邻居陆续聚过来，官府的官员和当地的长老也专程前来送行。此时的司马相如早已经是蜀地赫赫有名的"第一才子"，他入京为官之事让蜀地的官员百姓都抱持着很大的信心，相信他必定能成就一番事业。

故乡渐行渐远，脚下的路却越来越宽。骑着骏马奔驰而过，那川西平原从视野中渐渐变得模糊了起来，北上的路途遥远，但是这过程却并不苦闷。沿路奔驰，望着一路走来的风景，地域在不停地变换，司马相如心中的思绪也在不断变化。踏上金牛古道，司马相如不禁想起秦王灭蜀的历史，心中便不禁唏嘘不已，心想着自己竟然能够从这条道路上走过，心中便暗下决心，一定要在长安成就一番事业，为大汉王朝建功立业。登上梓潼山，眺望远处的五丁山，便不禁想起曾经在书中读过的关于五丁山的传说，于是文思泉涌，一篇《梓潼山赋》一气呵成。此时的司马相如辞赋尚未成型，只是模仿当时流行的汉赋风格进行写作，虽不是后来流传于世的汉赋佳作，但这篇《梓潼山赋》却开启了司马相如的汉赋人生。

文人最容易触景伤情，似乎在这些多情的人眼中，景物从来都不是冷冰冰的物件，而是有血有肉的感性之物。司马相如亦是如此，从蜀郡到长安，一路的风景不断变换，而司马相如也在这变换的风景中不断思索，不断在一个个记录着历史的景致旁感叹唏嘘。

尘世之事瞬息万变，让人措手不及又无法掌控，但是那些跟过往有关的山川河流、颓垣断壁却以亘古不变的姿态存在于世，提醒人们不要轻易忘却那曾经发生的故事，也让后人不断思考，睹物思人、以史为鉴。出蜀地、过剑门，司马相如一路向前，到达汉中的褒斜阁。行程已经近半，望着眼前直入云霄的栈道，不禁让司马相如暗自吸了一口凉气。慢慢向前行进，走在新修的栈道上，往下望去是万丈深渊，往上望去是沿山而建直入云霄的险峻山路。回想自己这一路的奔驰，从一望无际的万顷平原，过高山、蹚急流，再到这险峻的栈道之上，告别还仿若昨日，但已经离家千万里。

从蜀地到长安，这一路曲曲折折，仿佛预示了这般上京的人生也将充满未知的变数。但即便行路艰难，却依然不虚此行。那些路途中的壮丽山河、行进过的艰险要阻还有脚下这充满智慧和工艺的惊险栈道，都让司马相如感怀万千。这人生的第一次远行，让他不再是被困顿在小小蜀地的井底之蛙，他的思想和视野也在这不断开阔的路途中变得更加深远。

沿着栈道翻过这座高山，路途便变得平坦了起来。微风吹过，沿途的金黄麦田便随风摆动，那饱满的麦穗已经低下了头，安静地等待着被收割。已然是关中平原收获的季节，而司马相如也即将迎来他旅途的收获。

长安已经近在眼前，望着那恢宏的城楼，想着里面流光溢彩、金碧辉煌的宫殿，司马相如的心也跟着沸腾了起来。那就是他梦寐以求的地方，也是他即将大展拳脚的地方。

虽然只是小小的郎官，但是英雄不怕出身低，此时的司马相如有一种"初生牛犊不怕虎"的气势，他心中憧憬：从郎官开始，成为天子近臣，在朝野中大展拳脚，从而让司马相如四个字名留青史！

身未到达而心早已经奔赴。属于司马相如的蓝天就在不远处的城池之中，望一眼前方，司马相如便潇洒地挥鞭，向着梦中的蓝天奔赴而去。

第二辑
Chapter · 02

茶蘼花开 挥剑天涯不诉离殇

荼蘼花开后人间再无芬芳。曾经剑指天涯，只为能够实现心中那早已经梦萦多年的理想，而当理想触碰现实，司马相如才发现自己的人生是何其的可悲又是何其的无奈。

从意气风发地踏上长安城，到在这仕途的沉浮中丢了心、丧了气，司马相如才明白这一路的执着不过是一场镜花水月。这世上最可悲的或许就是这种怀才不遇的悲哀了，明明距离梦想那么近，仿佛只有一步之遥，但是却在到达的前一刻彻底变为泡沫。在司马相如眼中，长安城渐渐地从五彩缤纷变为凄冷的黑白色。初入仕途的司马相如从希冀到失望，从欣喜到失落，这期间的心情变化随着一场离别全部被带走。

挥一挥衣袖，不诉离殇。或许长安于司马相如并非毫无意义。这片让他希望又失望的土地，让他体验了一次仕途的沧桑，邂逅了一位懂他的伯乐，并为日后的漂泊找到了避风的港湾。

策马扬鞭，喧嚣尘上路寂寥

　　寒风瑟瑟、暮雨潇潇，这样的长安城总是给人一种寂寥萧条的感觉。只是这些对于司马相如而言显得那么地微不足道，因为对比他心中的苦涩，这恼人的天气不过是九牛一毛。身处这离家千里的长安城，司马相如有些不知所措，但是目光中却始终有一抹不容忽视的坚毅。

　　从蜀郡来到长安，举全家之力捐的一个小小的"郎官"，司马相如身上背负的不仅仅是自己的志向，还有整个司马家对于他的期望。只是时光却总是那么的残忍，往往把人打得一个措手不及。初到长安城的司马相如心底那少年痴狂的天真梦想，来到这座城之后慢慢被打磨掉了。现实从来都是吝啬的，它从来不会因为一个人的天真幻想而慷慨成全。在这个皇城根上当着一个守城门的小官，那些曾经的抱负和理想在现实中一点点分崩离析，司马相如似乎听到了内心破碎的声音。

汉代所设的郎官主要负责"掌守门户，出充车技"的职务，他们隶属于郎中令，分为议郎、中郎、侍郎、郎中等官职。在当时的朝中，官员最高能够拿到两千石的俸禄，而郎官作为低级的官职，特别是司马相如所做的守城郎官更是其中最低的，仅仅只有三百石的俸禄。曾经以家资十万才求得这小小官位，而今却始终在最底层跋涉，心中不免感到失落。但是既然这是自己的选择便无可厚非。虽然面对日复一日的枯燥工作，司马相如有些心灰意冷。但他内心也知道，如果不经过此番磨炼，他也无法成就自己的抱负。郎官职位虽低，但并不意味着毫无升迁机会，甚至还有人曾说："长吏多出于郎中、中郎。"

心中抱有希望便不会丧失斗志。而有时苦中作乐虽然无奈，却也不失为一种顺应时势的明智之举。虽然郎官之职枯燥乏味，但是这清闲的工作也为司马相如提供了更多读书作赋的时间。而他此时身处长安，接触赋体文章和贤士名篇的机会多了许多。人生有得有失，得失之间，只要自己学会把握分寸，依然能够成为赢家。

在仕途黯淡、踌躇不前的日子里，司马相如便寄情于书海，他广泛诵读当时的名篇，特别是对贾谊的文章赞赏不已。"臣窃惟事势，可为痛哭者一，可为流涕者二，可为长太息者六……"当读到贾谊这段先声夺人、思想澎湃的《治安策》之时，他在拍手称颂的同时不禁反思自己，开始揣摩、研究贾谊的文风和思想，期待有朝一日自己也能做出如此掷地有声、文辞严谨的文章。而司马相如辞赋成就的开始也可由此追溯，早期辞赋受到屈原、贾谊等人的影响颇深。

当行进之路遇到阻碍，转身回避或许是一时的求全之举，但却不是长久之道。守城郎官的这段时光虽然让司马相如在文赋上有了长足的发展，但却不是司马相如心中最想成就之事。志不在此，便无法享受收获的喜悦。仕途无所成的日子让司马相如感觉时光飞快，仿佛曾经在学堂跟王吉、杨得意等友人畅谈古今、吟诗作赋的时光还在昨日，现在身边却只剩下冰冷的城墙和叹息。虚度光阴却无可奈何，这是生活给司马相如的第一次挫败。即便曾经有口吃的缺陷，但司马相如从来都是自信满满的，他是家中的宠儿，也是乡里传颂的天才少年。但当时空转换，在这偌大的长安城中他却迷失了方向，因为在这里他不再是天之骄子，也失去了家族的庇护，纵使才华横溢却始终无人赏识。梦想与现实的距离无限拉大，那一刻的司马相如显得渺小若蝼蚁，再没有昔日的意气风发。骄傲轻狂如他，纵然是不能接受这仅仅守城门的小小郎官角色，他的人生才刚刚开始，断不能就这样混沌度日下去。

人往高处走，水往低处流，没有人希望停滞不前。但是希望并不代表着结果，不是所有的梦想都能找到飞翔的翅膀。际遇是个奇妙的东西，它让人难以捉摸也无法轻易掌控。从捐官的那一刻开始司马相如早已经暗下决心要让自己功成名就。可眼下这境况却让司马相如陷入了一种尴尬的境地。对于自己的才华和能力，他从未妄自菲薄。虽然这国都之中从不缺乏人才，但是司马相如依然是一个熠熠闪光的存在。他的文赋天分在此时已经可见一斑，而此时正是"文景之治"的繁荣时期，国家的稳定昌盛更是为辞赋的发展提供了肥沃的土壤。

司马相如的汉赋才华也是在这个时期逐渐显露出来。

只是伯牙的琴声再美，没有子期的聆听也不会有高山流水的佳话，司马相如的文章纵使妙笔生花，得不到当朝者的赏识也是无济于事。红颜易求，知音难觅。当时的汉景帝虽然也是一位文武双全的贤明圣主，在他的励精图治下国家安稳、百姓安康，但是不巧的却是这位贤明君主对于诗词歌赋却意兴阑珊。

恰似一匹奔向草原的骏马，以为终要在那广阔无垠的天地中策马奔腾，却发现身后的缰绳从未解下，无人给它奔跑的机会。对于当时的司马相如而言，他需要的不过是一个机会而已，但是这机会是否遥遥无期他却不得而知。

如果说等待能够得来救赎，那么司马相如愿意等下去，只是在日复一日守城的岁月里司马相如却不知道他的春天是否会来临。这世上或许没有事情比如此地等待更加让人煎熬了。仿佛希望的曙光就在前方，离自己那么近，好像只要一伸手就能触及，但是却在指尖触及的前一刻烟消云散。但是司马相如并没有因此而气馁，他的人生从来就不曾有过"放弃"二字。

唯有守住破晓前的黑暗才能够遇见黎明的曙光，唯有经受住羽化的痛苦，才能实现破茧成蝶的美丽。这样的道理司马相如又岂会不懂。因此，纵使心有不甘，司马相如也恪尽职守地履行自己守门护城的职责，对人谦虚有礼，不露锋芒地默默等待属于他的机遇。

这份用心良苦的企盼并没有让司马相如失望，他最终还是等来了自己翘首以盼的机会。

当时的汉景帝虽然不爱文墨，却对习武射箭有着极大的兴趣，经常带着侍卫到野外狩猎、射箭。身为男儿就有好胜之心，总是想要在武艺上与他人一较高下，普通男子如此，天子也如是。但是作为整个王朝至高无上的国君，汉景帝却找不到自己的对手了。高处不胜寒，这是身为掌权者的悲哀，纵使能赢得天下，却无法得到一个平等较量的机会。早就受够了身边侍卫的怯懦逢迎，一直苦于找不到旗鼓相当的对手的汉景帝决定在宫中侍卫中挑选几个射箭高手。

人生充满戏剧性的变化，司马相如也从未想到自己与机遇就在此般情况下不期而遇。自幼习武的司马相如无疑是宫中侍卫中的不二人选。当负责守城的官员找到司马相如之时，他仿若在梦中一般，不由感慨上苍的眷顾。一朝天子是万人敬仰的至尊，也是权力的最高象征，而司马相如不过是一个守城的小小郎官，这是天与地的差别，如果凭借一己之力，或许此生司马相如都没有面圣的可能。但是机会却犹如天助般降临到了司马相如身边，让他感觉自己的鸿鹄之志似乎依然有实现的可能。

在皇家校场中，司马相如望着满场身强力壮的侍卫和武士，目光复杂地望了一眼那早已经围起的擂台，他心中知道这是他唯一的机会，唯有在这场比试中脱颖而出，他才能得到汉景帝的赏识。

官场上常说伴君如伴虎，但即便如此，古往今来的有志之士依然为了获得帝王的赏识而前赴后继，司马相如也不例外。这校场上的擂台是汉景帝为了选拔侍卫而设，在此刻却成了众人希望出人头地的战场，唯有成为最后的胜者才有机会伴君左右。

小小的四方台旁围满了武艺高强的勇士，不过是一场武艺的比试却弥漫着硝烟的味道。望着那些或自鸣得意或剑拔弩张的面孔，司马相如却显得尤为淡定。因为这场较量是一场能力的较量，司马相如对于自己的武艺自然是自信的。于是当勇士们纷纷站上擂台之时，司马相如依然稳若泰山，仿佛眼前的比赛与他无关。

厚积薄发才能释放出最庞大的力量，司马相如显然是深谙此理的，所以在擂台上争得热火朝天之时，他只是选择当一个安静的旁观者。但是当武士卫之平打败了除司马相如之外的所有挑战者之时，司马相如才从容不迫地上前迎战。当时从众多勇士中脱颖而出的卫之平也是一个怀才不遇的武术奇才，但可惜只是众多将士中的一个小卒罢了。这场强者的对抗，不仅仅是一场武术的较量，更是两个有志青年为了自己前途命运的抗争。

同是天涯沦落人，本应有些英雄惜英雄的味道，但是此刻除了火药味再无其他。汉景帝就在看台之上，这是他们能够一朝成名的最好机会，没有人会选择在此时让步。只是强者之间的对决从来就没有谦让和怯懦，有的只是实力和心境的拉扯。刚刚赢过众多场比试的卫之平显然要比司马相如浮躁得多,胜利让他变得狂傲了起来,但是他却忘记了在这毫厘之差即可决定胜负的强者之争中一颗平常心的重要性。司马相如素来是沉稳的,在此时也不例外,因此这场比试最后的赢家是司马相如。在对方激进的刀枪攻击中司马相如灵巧避让,几招之内便将卫之平击败在地。

君子之争本就简单,只是实力的博弈,赢了挥一挥衣袖;输了就潇洒离去。卫之平输给司马相如输得心服口服,而司马相如赢了比赛也并不失风范,依然谦逊有礼。但春风得意马蹄疾,纵使能够对对手做到有礼有节,却往往还是会控制不住自己狂喜的心。毕竟,这是司马相如最接近成功的一次机会。

当比武结束,几个在比武中表现优秀的勇士和司马相如一起被选去参加射箭比试。三箭定输赢,司马相如三发全中靶心,让围观的人赞叹不已。只是沉稳的司马相如,也不过是人世间的凡夫俗子一个,总会有控制不住自己内心的时刻。当弓箭被收起,天空越来越阴霾,但此时司马相如的心中却是热血沸腾,不能平静的。春风得意马蹄疾,大喜大悲总是交叠而至。看着低空飞翔的小鸟,司马相如不知怎的便捡起一块石子打了过去,于是鸟儿从空中缓缓落下。这本是一个小小的炫技之举,或许并没有太多的意图,但是在汉景帝眼中却显得有些卖弄的意思。于是汉景帝一怒之下派人抓了司马相如。

本是无心之举,却横生事端,或许此刻没有人能比司马相如更冤屈了。但自古以来君臣之间都是:君要臣死臣不得不死。纵使早就熟悉了这封建王朝的命运，但是当汉景帝质问司马相如可知自己所犯何罪之时，司马相如依然不得其解。于是汉景帝一声"拖出去斩了"，便给司马相如定下了死罪。

前一刻还春风得意，期盼着能够一睹帝王风采，成就理想抱负；但后一刻却已经沦为阶下囚，面临处斩的命运。司马相如不禁心中悲叹命运无常，但是却全无挣扎。君王之命不可违，司马相如没有企图苟且偷生、委曲求全。但此刻不卑不亢的决然态度却拯救了他。面对司马相如的从容淡定，汉景帝立即收回成命，并赞扬道："面对死亡毫不畏惧，这是不同于常人的灵气，此人必定可以成为我大汉的可用之才！"

生死一瞬间，爱恨一瞬间，人生就是如此变幻无常。但是终究司马相如还是得到了自己想要的机会，成为常伴君侧的武常骑士，经常陪汉景帝外出骑马狩猎。

策马奔腾，尘烟滚滚，从皇宫门口的守城小官到天子身边的近身宠臣，这一夕之间的变化让司马相如的人生发生了天翻地覆的变化。在外人眼中，这无疑是一次华丽的逆袭，是功成名就的象征。但人生是自己的，辛酸苦辣总是不为外人道。雾里看花水中望月，隔了一层的观望永远没有内心的感受真实可信。司马相如原本也以为自己终于离梦想越来越近了，终于迎来了大展拳脚的契机。

可惜天不遂人愿，这武常骑士不过是包装华丽的帝王宠物罢了，断然没有参与朝政、伸展抱负的机会。文以言志，司马相如多次企图同汉景帝探讨文辞歌赋，但是汉景帝却全然没有兴趣。

　　人生的可笑之处莫过于明明理想几步之遥，却被一堵厚厚的城墙横亘在中间，让人可望而不可即。此时的司马相如就像一个迷途的登山者，在即将登顶的时刻才发现这座山并不是自己原本的那一座，从而踌躇在原地，进也不是退也不是。

　　当那些以为即将要实现的理想抱负在眼前如泡沫般消散之时，司马相如似乎走进了黑暗的荒原之中，没有方向也没有希望，只剩下无尽的恐慌和寂寥。

山高水长，抵不过一场相见恨晚

路漫漫、道曲折，黑暗中的跋涉总是能够带给人一种无可奈何的无助感。纵使司马相如的长安生活已经从原本的守城小吏一跃而上，生活无忧、锦衣玉食，但是却依然不能填补内心的空虚和寂寥。成为天子近臣的司马相如，他的心情正是如此。

回首走过的路，那弯弯曲曲、荆棘丛生的道路依然历历可见，但是向前望去，前面却早已经没有明确的路了。生命的脉络如果有迹可循，那么也是在走过之后才能真正清晰，前方永远属于未知。只是司马相如的人生却从未如此刻一般迷惘不知所措。

　　曾经的司马相如在安汉城里埋身书海，是因为他知道，知识能够充盈他原本寂寥的童年。他也试着在锦屏山下闻鸡起舞，是因为心里已经有了建业报国的鸿鹄之志。但是此刻，司马相如却不知自己要何去何从了。想要当官，他做到了，希望能够为天子所用，他也做到了，但到头来却可悲地发现，原本清晰的目标似乎偏离了自己预定的轨道。

　　世人常说人应当知足而常乐，但是当所思所想都偏离了原来的轨道，却要强迫一个心怀壮志的青年人随遇而安，未免有些残忍和苛责。飞入云霄或者跌落谷底，这些大悲大喜从来都算不得什么，因为热闹的青春就应该此般潇洒决然。但是当时的司马相如却被卡在一个不上不下的关卡，不会掉落亦不会上升，只能在这样纠结的人生中独自慨叹。这样的日子就仿佛心中有千万只蚂蚁爬过，心痒难耐，却挠不得、抓不得，只能让人在隐忍中走向崩溃。

　　"持节夹乘舆车骑从者云常侍骑"，这便是《汉旧仪》中对武常骑士的诠释。舞枪弄剑、狩猎斗兽，这样的人生显然不是司马相如所要的。曾经司马相如苦求父亲教他剑法，只为强健体魄并报效国家，但此时自己的这般武艺却如同杂耍艺人一般，成为供汉景帝玩乐的小丑。想到自己这个所谓"武常骑士"的有名无实的官职以及越来越无望的仕途生涯，司马相如的内心五味杂陈。

　　身处长安城中，偶尔能够传来旧时友人的消息：王吉已经在蜀地做了县令，而杨得意也谋得了一个狗监的职位。人便是如此，总是在苦难之时将自己的伤痛无限夸大，似乎除了自己之外，其他人的人生都要优雅潇洒得多。此时的司马相如便是如此，看着友人都已经有了自己的位置，总会无限感叹：他人都已有了自己的生活，但是我却依然是无依无靠之人！雾里看花，水中望月，外事外物都是迷离不清的，人能看清的始终只有自己。如人饮水，冷暖自知。但是这样的自知却让司马相如陷入了无边的自怨自艾之中。

哀莫大于心死，如果不能学以所用、实现抱负，那么纵使功名利禄加身又有何意义呢？面对汉景帝在谈及辞赋之时的淡漠，司马相如不由心中苦笑：这无异于一场襄王有梦神女无心的游戏，而他在这其中扮演的角色着实可笑又可悲。然而人生中的每一种关系都需要靠心灵的契合和呼应来维系，否则只能是永无焦点的平行线，各自奔向遥不可及的远方。爱情如此，友情如此，君臣关系其实也是如此。虽说身为人臣本应恪守职责，何况司马相如还是得到了汉景帝的赏识，但是再精美的果实只要不是心头所好，也会味同嚼蜡。内心骄傲如司马相如，他从来不是贪慕浮华之人，内心所向只是一份肯定和支持，因此心中自是不能满足的。

或许在常人眼中，这已然有些不知好歹，天子近臣的身份、每月可观的俸禄，名利双收的生活丝毫找不到缺陷。但是对于富家子弟司马相如而言，钱财不过身外之物罢了，而这名望若不是自己心之所向也就失去了所有的意义。

斗转星移，回首却不过是一场空。无人能懂司马相如的郁结。虽然是文武全才，但是说到底司马相如本质还是一个文人，希望能够通过文赋来求得功名，通过才智施展抱负。但此刻的他却不过是一个被包装在华丽外衣下的天子宠臣罢了。这一切的一切外人无从知晓，但司马相如却心如明镜。因此，这样的境遇便成了司马相如心中的一根刺，一次又一次刺痛他内心深处的自尊和骄傲。

被囚困在笼中的鸟儿也会拼命寻求自由的出口，而如果找不到出口，便会让自己遍体鳞伤。人生总是千回百转，正如诗中所说："山重水复疑无路，柳暗花明又一村。"郁郁寡欢中不能缓解的司马相如在此时还是找到了出口，也找到了日后可以投奔依附的知己。

人生的机缘有时真的很无解，对于即将陷入绝望的人而言，任何的微光都可能成为他奋力追逐的目标。正如悬崖边的一棵孤树、大海上的一根浮木，抑或是沙漠中的一片绿洲，没有什么比绝处逢生更让人欣喜万分。在对汉景帝心灰意冷之际，司马相如也迎来了自己失落人生中的最后一株救命稻草，那就是梁孝王刘武。

梁孝王刘武是汉景帝的弟弟，是窦太后最小的儿子，在当时颇受赏识和重用，也深得窦太后和汉景帝的喜爱。甚至汉景帝在一次畅饮酒醉之后，曾对着自己的弟弟梁孝王说道："千秋万岁之后，传位于梁王你。"虽说君无戏言，但是这种酒后之话当然不能当真，梁孝王也不会相信汉景帝会真的传位于他，但是却依然能够从中窥探出当时梁孝王的尊贵地位。更有历史曾记载，梁孝王进宫之时，甚至被允许跟汉景帝同乘步辇。由此，梁孝王在当时的地位也可见一斑。

虽是一母同胞，但是梁孝王跟汉景帝不同的是他更重视诗词汉赋。因此，入朝之后的梁孝王自然与汉景帝身边的司马相如成了一见如故的知己至交。

原本司马相如与梁孝王并不熟识，但是作为汉景帝的常侍自然而然地获得了与梁孝王亲近的机会。虽然只是初次见面，梁孝王便让司马相如对他敬佩有加。作为当朝帝王的亲弟弟，梁孝王在面对司马相如之时丝毫没有居高临下的感觉，而是十分亲切谦逊地对司马相如说："先生大名早就如雷贯耳，今日能够亲眼相见，实乃本王的荣幸。先生的辞赋让本王佩服不已。"如此真挚又尊重的话语无疑打动了司马相如的心。文人素来有傲骨，更何况是司马相如如此一个文武双全、仪表堂堂的天之骄子呢。梁孝王的话在他耳边萦绕，让他重新获得了被人肯定的感觉。如果说他曾经在汉景帝旁边遗失了自己的自尊和骄傲，那么梁孝王就是重新点燃他希望的火烛。

对于司马相如的文采学识，梁孝王早就有所耳闻，也一直期盼能够见他一面。鲁迅先生曾经说过："文人往往分为两种，一种是'人以文传'，一种是'文以人传'。前者因为自己的文采斐然而被津津乐道；后者因为自己做出的一些惊天动地的事情而被赏识从而注意到他的才华文采。"作为一个心有傲骨的浪漫文人，司马相如显然希望自己是前者，而这种愿望在梁孝王身上得到实现。如果说汉景帝的赏识是因为司马相如的精湛武艺和胆识；那么显然是属于后者，并不能真正打动司马相如。但是梁孝王不同，他早就在来朝之前对司马相如赏识有加，而且将司马相如的赋作背得烂熟于心了。

对于一个文人，作品便是他精神和理想最浓缩的精华，是所有自尊心和骄傲的孤注一掷，但是梁孝王的出现却让原本失去信心的司马相如重新被肯定。而这种让人欣喜的知遇之情在与汉景帝的淡漠对比中显得尤为熠熠闪光。

人是经不住对比的生物，却又是异常矛盾活在不断对比里的生物。当汉景帝遇上梁孝王，司马相如心中的天平不断倾斜，不由自主地开始比较，继而让自己被自轻和失落的情绪所笼罩。太过执着有时候只会让自己的心迷失了方向。其实生活没那么复杂，当比较变成了避无可避之事，那么放空外物，向着自己心之所向奔去就可以了。

在梁孝王遇见司马相如之后，曾经在王府盛情宴请司马相如。华灯初上，歌舞升平，已然微醺的司马相如跟梁孝王以及当时梁孝王府上的座上宾邹阳、庄忌、枚乘把酒言欢。历朝历代都有权贵聘请幕僚的习惯，而作为尤其热爱汉赋的梁孝王更不例外。当时的邹阳、庄忌、枚乘是非常有名的辞赋家，也是梁孝王极为重视的幕僚。庄忌等人跟司马相如纵谈古今、交流辞赋，并且绘声绘色地向他描述了他们在梁地的生活。

在谈笑风生间，司马相如心底却有一丝酸涩，对比自己在汉景帝身边的郁郁不得志，看着梁孝王跟这些文人雅士相处融洽、恭敬有加的相处，内心不禁唏嘘不已。这梁孝王府上的门生幕僚着实让人羡慕。他们跟梁孝王相处融洽又有风度，不似君臣却更似朋友，司马相如心中不禁期盼自己也能成为其中一员。

　　酒逢知己千杯少，在这良辰美景之下，司马相如跟各位名人雅士欢聚一堂、吟诗作赋，好一番惬意的景象，似乎这一刻司马相如才感受到自己存在的价值，并重新燃起曾经的壮志雄心。纵使当时的司马相如依然是汉景帝身边的武常骑士，是一个仕途不得志的落魄之人，却在这短暂的杯酒交错中忘记了自己的苦闷，在跟众多情投意合的知己的相处中酩酊大醉。

　　月挂柳梢夜微凉，宴会已经接近尾声，只剩下满目的杯盘狼藉，就当是一次对自我的放纵吧，这样畅快的人生即便只经历一次也已经了无遗憾了。这一次司马相如是真的醉了，仿佛久未舒展的心在那一刻获得了自由，便任由自己在醉酒中沉沉睡去。人生得一知己已经足矣。虽然始终没有得到汉景帝的赏识，司马相如心中其实也已经释怀了。

　　只是曲终人散，离别终究要到来，一场相逢带给司马相如无限的震撼，但是对于他苦闷的人生显然只是杯水车薪。梁孝王回到了梁国，而司马相如依然是汉景帝身边那个无权参政的武常骑士。似乎一切都是黄粱一梦，醒来后就烟消云散了。当时偶尔记起那场把酒言欢的宴席，记起几大辞赋家描绘的梁国轻松闲适的生活，司马相如还是会无限感慨。

　　人都是贪婪的动物，总是会不断期盼、不断索取，更何况此时的司马相如早已经走入人生的死胡同之中，梁王的出现仿佛是他人生中出现的一道光芒。但可悲的是他与梁王的距离就如这长安城高高的城墙，一个在墙内、一个在墙外，出去的路却早已经如同死胡同一般被堵死，只能望洋兴叹。境遇的对比和内心的落差只能让司马相如更加失落，但是却不能找到解脱的出口。

见识了大海的波涛汹涌就不会再留恋小溪的潺潺流水；享受了天高任鸟飞的闲适自由就不会再甘心当一只折翼的飞鸟；当人生经历了一次暴风雨般的洗礼，便再也回不去那甘于平庸的曾经。或许面对离别，只能这样安慰自己："海内存知己，天涯若比邻"，有缘终究能相逢。

过往只是云烟，已经逝去的时光从来都不重要，山高水长，前路的相逢才是最值得希冀的。这场与梁王的短暂相遇以及知遇之情成为司马相如人生中一次无法忘记的难忘回忆，也成为伴随他日后展翅翱翔的庞大助力。

囚鸟也有期盼蓝天的自由，虽然生活并不尽如人意，但是司马相如依然相信自己的未来可以山回路转、柳暗花明。

绿绮琴音袅袅，却只是镜花水月

　　长安一梦，恍如隔世。这短暂却曲折的人生让司马相如从当年的骄傲少年变成郁郁寡欢的落魄文人。或许这场旅程不过是他的一次骄纵和任性的自我救赎，但是却在最后的最后，让自己不得不从梦中醒来。

　　无论是初到长安时的惴惴不安还是努力升为武常骑士之后的五味杂陈，在这场追梦的角逐中司马相如始终没有逃脱落荒而逃的命运。并不是只有战乱才能兵荒马乱，当司马相如亲手描绘的乌托邦变成冰冷决然的现实，他的人生已然变得兵荒马乱。从充满希冀到心如死灰，司马相如的这场镜花水月般的际遇并不难追寻。

　　人总是会在心底为之存有那么一丝侥幸，也会在受到伤痛之时无限夸大自己的主观承受力，继而为自己寻找一个可以冠冕堂皇逃离的借口。或许在遇到梁孝王之前他尚能自我麻痹，但是当司马相如告别梁孝王，重新回归到他平凡又无味的武骑常侍的生活，他的心便一点点被冰冷所覆盖。

　　入仕之初，司马相如心怀远大抱负，希望在这大汉王朝中成就一番事业。正如年少时为自己取下的那个名字，一直牵引着他向前跋涉。他的人生素来以蔺相如为标杆，希望能够如蔺相如一般成为智勇双全，在富贵权力面前游刃行走的洒脱之士。但是在为官的岁月里，他拥有的却不过是游历狩猎、舞刀弄剑的枯燥生活罢了。扪心自问，司马相如自认自己才华不输蔺相如，但是自己的人生际遇却与蔺相如如此地南辕北辙。而那些曾经让内心热血沸腾的美好希望也一点点被吞噬。武常骑士之名，听上去是天子近臣，而汉景帝对自己尚算不薄，但心中辛苦只有自己知道。当命运偏离了预定的轨道，即便前方是别人眼中的繁华盛世，于自己也不过是一场海市蜃楼，清醒之后便全部化为泡沫。在司马相如的心中这武常骑士的差事俨然是皇家圈养的小丑，毫无价值和尊严。

　　生命的苦痛若寻不到缓解的出口，便唯有在过往的甜蜜中寻找慰藉。一如远游的游子总是在内心愁苦之时眺望远方的故乡，其实未必是思乡情切，而是只有那里才是自己这一世最温暖的存在。故乡最是梦萦，或许不过是一场舔舐伤口的美梦，一如此时的司马相如。此时的他常常眺望远处，怀想那些在蜀地的岁月，那个记忆中的翩翩少年晨起闻鸡起舞，在山石流水间拨动绿绮琴弦。那时的司马相如单纯天真却又聪颖过人，似乎自己的生活始终被阳光所照耀着。记忆在心中缓缓流淌，家乡的琴音似乎从遥远的地方飘向了长安，但是再去细听却早已经捕捉不到丝毫。而如今身在这繁华的异地，那些闲适的岁月悄悄溜走，只剩下被命运提弄的一抹孤影。或许司马相如想要的并不仅仅是一个顺风顺水的仕途而已，文人向来矫情，既希冀文雅淡泊的生活，又无法挣脱功名利禄的牵绊，始终活在纠结之中。然则司马相如也不例外。

唯有过去和未来才会被记忆和幻想修饰成让人心醉的画面，正在进行的当下永远都是令人伤痛和难以捉摸的。对于司马相如而言，这壮志难酬的当下就是最让人郁郁寡欢的存在。人生总是如此，我们想要忘记的过去一直挥散不去，想要迎接的未来却总在一步之遥不可触及，当下才是最实实在在的存在。

虽然对于汉景帝不爱辞赋他早已经了然于心，但却还是想要试图去证明些什么。毕竟他还只是二十几岁的青年，心中总是有一些"不到黄河心不死"的固执和坚持。一日，他写出了一篇自己颇为得意的辞赋，于是入宫面圣，希望能够得到汉景帝的认可。当宫中侍卫通报之后，司马相如欠身进入汉景帝的书房之中，行礼之后，向汉景帝说明来意："陛下，微臣今日作赋一首，希望能够得到陛下指点一二。"言毕，便满怀期待地献上了自己所作的《天子读书赋》。观名便知其文，这不过是一篇奉承帝王、歌功颂德的文章，但却也是当时汉赋的潮流。既然司马相如敢呈现给皇上纵然是自己的得意之作，虽有溜须拍马的嫌疑，但在汉赋中也算得上上乘之作。

纵使早已被伤过千百次，已经有无数篇赋文被汉景帝熟视无睹，但是彼时的司马相如还没有完全死心。而这篇新的辞赋里有司马相如的希望和企图心，但是却最终还是让他伤了心。其实当时司马相如的辞赋受到汉代华丽辞风的影响，多数文辞华丽空灵，而内容也以歌功颂德、取悦帝王为主。但即便如此，司马相如的辞赋也在当时崭露头角，因为他的文章中除了锦绣的文辞之外还多了一份内敛和积淀。但是这些汉景帝却并未放在眼中。

待到司马相如上书献赋三日之后，恰逢汉军大战告捷，大喜之下汉景帝设宴款待群臣，作为宠臣，司马相如无疑是座上之宾。于是便借机问汉景帝："陛下，不知前几日微臣呈上的辞赋您是否已经看了？"但是这满怀期待的询问却只换回了汉景帝敷衍的三个字："看过了。"

淡漠的三个字犹如一盆冷水将司马相如浇了一个透心凉，也让司马相如的心彻底从天堂跌落地狱。曾几何时他依然希冀汉景帝从他的文章中读出他的志向并给予肯定，但是现在这简单一句话却让他知道他连机会都不曾有过。

敷衍和无视犹如两道利剑插入了司马相如的心中。或许不曾有过希望就不会如此失望。但是如若不是曾经也有过汉景帝的知遇和赏识，司马相如又怎会如此执着呢？最让人绝望的从来不是毫无机会而是原本以为的机会从未存在过。如果未曾有过喜或许就不会有悲，任何事物都有两面性，而这两面的对比就更能凸显现实的轮廓。

其实，汉景帝并非对司马相如毫无欣赏，只是自幼便集万千宠爱于一身的司马相如要求的远比想象的多。对于汉景帝而言，身边这个才貌双全、武功了得的武骑常侍确实是难得的人才，但是诗词歌赋却从来不在他的赏识范围内。

对于汉景帝而言，司马相如应该只是当时自己从比武中挑选出的武功奇才，或者是那个曾经在狩猎场救自己一命的机智侍卫。每当回首那段往事，司马相如依然能记得当时内心的企盼。在司马相如被选为汉景帝近臣之后，经常陪伴汉景帝外出狩猎。而这段经历也成为他日后创造名扬汉赋的《子虚上林赋》的坚实基础，当然这是后话。

关于司马相如与汉景帝的君臣之情，曾经流传着这么一段故事：

在一次狩猎中，汉景帝下令在围场狩得猎物越多的侍卫便会有重赏，而狩猎最少的几名将要受到惩罚。俗话说"重赏之下必有勇夫"，这其中自然也包括司马相如。于是，一众武士纷纷为了射杀更多的猎物而奋力奔腾。而此时正是山林野兽活跃的时期，狩猎自然不是什么难事。但是当所有侍卫都忙着狩猎之时，司马相如也在为自己的丰收而扬扬得意，却在此时听到一声呼救，于是循声望去两头猛虎正要扑向汉景帝。于是司马相如毫不犹豫地将狩猎袋一扔，向着汉景帝奔去。此时的司马相如手中并没有任何的兵刃，而其他侍卫都为了重赏沉浸在狩猎的乐趣中并未注意到这里的情况，孤立无援的司马相如只能硬着头皮去救驾。他随手捡起地上的一根树枝，以木代剑，用所学的剑法不顾一切地向着猛虎劈去。

虽然最终猛虎被猎杀，汉景帝也脱离了危险，但司马相如却英勇负了伤。待到汉景帝从惊慌中回过神来，不禁勃然大怒，认为其他侍卫为了重赏而故意弃他的性命于不顾，于是想要重罚狩猎最多的几个侍卫。在汉景帝盛怒之下众侍卫吓得不知所措，但是却没人敢上前劝阻。没想到的是，当汉景帝要怒斩狩猎最多的几个侍卫时，司马相如却站出来替众人求情。看在司马相如救驾有功的分上，汉景帝才收回了成命。

一次救驾让汉景帝更加欣赏司马相如这个英勇却不失谋略的侍卫，对他更加重视。

这段逸事无证可考，但是对于汉景帝对司马相如的重视却依然能够寻出一些蛛丝马迹。当时司马相如只是一个小小的武骑常侍，但是却有八百石的俸禄，比初任郎官之时多了一倍还要多，而且他常伴汉景帝左右，若说丝毫没有得到汉景帝的重视是完全讲不通的。

在《史记》中，司马迁仅用一句话来概括了司马相如的离开，即"会景帝不好辞赋"。但是一场诀别岂是这七个字就能说得明道得清的。司马相如的成长环境、让人捉摸不透的倔强性格以及最引以为傲的自尊心……太多太多的因素牵绊其中，就像有无数双看不见的小手在推着他离开。英雄无用武之地的悲哀并不仅仅是不被重视的这种小小的失落，而是已经积淀已久的绝望和悲伤。

橘生淮南则为橘，生于淮北则为枳。这样的仕途不得志并不是汉景帝的错，也不是司马相如的错。而是当时的历史环境使然，汉朝初期官吏中文官的作用少之又少，而国家尚未安定又谈何赏析辞赋呢。辞赋于汉景帝不过是风花雪月、故作风雅之事，并没有多大的意义。纵使是金子放错了地方不过是石头罢了，而即便只是一块普通的石头若用对了地方依然可以有宝石般的价值。司马相如并不是执着愚笨之人，在这长安城的数载岁月早已让他看清了自己的执着是多么地苍白无力。

其实文人墨客多是自由的灵魂，纵然不是一个小小的官职就可以捆绑束缚的。虽然文章并未受到赏识，但这决然不是司马相如想要离开的唯一理由。作为一个文武双全的才子，其实无论帝王重视的是文是武，他都可以成为佼佼者。但是在漫长的等待中，他引以为傲的才华被轻视践踏了，他才恍然大悟这不是他想要的生活。从单纯的舞剑、抚琴、写赋的少年时代迈进到如今的飘摇仕途，他早已经不是那个一心只想以身许国的蜀中少年，而年少的梦想也随着这怀才不遇的遭遇被磨掉了棱角。

即便早就无法停止奔跑的脚步，却依然需要驻足休息的时刻。曾经的白衣少年似乎还在故乡的那个琴台之上拨弄绿绮，但是他却再也找不回那单纯美好的初心。人生若只如初见，该是如何的美好。

百转千回之后，过去的一切似乎已经成了镜花水月。这长安城虽大却没有他的容身之所，天子身边纵使光芒万丈却无法照亮他内心的黑暗。而远处似乎有人在呼唤他，指引他向着不同的方向奔去。

耳边突然响起梁孝王回梁国之前跟他讲的话："如果天子不再需要你，梁国的大门随时为你敞开。"这一句召唤仿佛为司马相如找到了一个出口，让他已经走入死胡同的人生重新获得了希望。司马相如的内心倏地安定了下来，内心似乎已经有了决定。

　　远处传来悠扬清脆的琴声，那魔音入耳仿佛是来自远古的一个美梦，但琴声戛然而止，梦便回归到现实。河堤杨柳飘飘，似在挽留游子，但是司马相如知道他已经到了跟长安告别、跟旧梦告别的时刻。

绝尘而去，往事已成云烟

徐志摩在《再别康桥》里说："我挥一挥衣袖，作别西天的云彩。"人生难免要经历离别，迈向新的征程。当旧的地域旧的生活再也无法让我们燃起对生活的希望，那么洒脱告别未尝不是一件好事。对于司马相如而言，他的长安生活似乎已经走到了尽头，到了需要挥手告别的时刻，但是这场告别却远没有他想象的那般容易。

当无数次被汉景帝漠视，企图凭借文采得到赏识的希望彻底破灭之后，长安于司马相如而言再无牵绊。他期盼能够去追随梁孝王，纵使梁孝王远没有汉景帝那般的权势和地位，但是人生能得一知己，也未尝不是一件好事。

　　只是作为汉景帝身边的武常骑士，想要从这混沌的仕途中抽身又谈何容易呢。作为大汉王朝的官吏，辞官并不是一件容易的事情。一朝为臣，则已经身不由己。其实人世间很多事情都是如此，当你千辛万苦终于把你想要的握在了手心，即使有一天发现你已经不需要你曾拼命守护的这一切，想要全身而退，但这时却已经无法安然转身了。这些道理司马相如当然懂得，但是这并没有动摇他想要离开的决心。

　　身在这皇宫之中，看着这金碧辉煌的一切，司马相如不禁感慨万千，因为这里曾经是他的梦想和希冀。他明白一旦辞官远去，这所有的功名利禄也都将不再属于他。人生如果没有经历彻底的绝望便也不会有彻底的觉悟。对于长安，司马相如心中只剩痛苦的回忆，他迫切地想要逃离。逃离似乎总显得有些懦弱，是男儿志在四方，但是既然这让人压抑的皇城再也无法给予他尊严和希望，与其在这儿醉生梦死，不如让自己任性一回，轰轰烈烈地去寻一次自我的改变。

　　文人骨子里似乎都是热爱自由的，因此才会有"不自由毋宁死""生命诚可贵，爱情价更高，若为自由故，两者皆可抛"的诗句。在世人眼中，司马相如自幼沉稳，但实际上只有他自己知道所谓的稳重不过是自己镀在身上的保护色罢了。在他的内心深处浪漫自由才是他的归宿。而他想要的这一切，都无法在这个长安城寻到了。

　　站在高高的城楼之上，看着车水马龙的皇城，司马相如的身影显得那么决然。选择一旦做出便没有回头的路，这曾经的一切终究是到了需要放手的时候了。为了能够顺利辞官，司马相如多日不上朝，并跟汉景帝谎称自己卧病在家。这样的逃脱手段断然称不上光明磊落，但是却已经是司马相如想到的最好的方法。果然，因了这生病请假之事，司马相如的请辞便变得顺利得多。可想而知，一个武常骑士再无体力骑马射箭、保驾护驾，那他还有什么用呢。因此，他因病辞官之路格外顺畅，并没有遭到任何的阻拦。

落叶飘零，摇摇晃晃地回归大地的怀抱，恰如人生，不再被需要，便要完成自我的放逐。只是叶落总是给人萧条的感觉，正如不再被需要的人生总是显得些许凄凉。虽然这是司马相如自己的选择，如此顺利辞官也是他心中所愿，但是当真的抛开一切，内心难免有些许空虚和落寞。

但谁的人生又能毫无缺憾，造物主是公平的，有舍就会有得，没有人的人生是全然虚度的。当抛开曾一心追求的功名利禄，司马相如整个人都感觉有些轻飘飘了起来，曾经的沉重步伐也变得轻盈。他身上曾经背负了太多自我强加的枷锁：要建功立业、要功成名就、要扬名立万……辞官之后，这些都变成了明日黄花，与他再无关系。此时的司马相如就好像一只被囚禁在室内的小鸟，终于挣脱牢笼飞上了自由的天空。

人生只有一次，放纵一回又何妨。此时的司马相如知道他的这洒脱生涯只是短暂的，纵使血液中流淌着游侠的灵魂，但他终究没有勇气抛弃世俗地活着。或许司马相如真的辞官归隐，将自己放逐于天地之间，他就不会经历其后人生的颠沛流离，但同时也不会有让人叹为观止的汉赋作品流传千古。回望自己曾经费尽心力想要进入的这座皇城，回想当年全家耗尽财力为自己捐的那个守城小官，一切都还历历在目，只是在记忆中已经变成无法回去的黑白色。

离开汉景帝，这并不是一个容易的决定，但是司马相如却那样地毅然决然。这决绝中有司马相如的傲骨，同时也有身为一个文人的自尊和人性。已经过去的便无法挽回，更不应该后悔，选了便要承担选择的后果，即便前路艰辛，司马相如也做好了去承担的准备。

从长安离开，最后回望一眼那斑驳破旧的城墙，在残阳映照下似乎显得格外悲凉，仿佛在为这场离别叹息一般。但昨日不再，往事已矣，司马相如一路绝尘，向着梁孝王的属地奔去。其实，早在梁孝王离开长安之前就已经盛情邀请司马相如到他的府上做幕僚。然而当时的司马相如并未下定决心。但是当对于这冰冷的长安城再无留恋，梁孝王无疑成了司马相如最好的归宿。似乎只是从一个权力者的身边逃到了另外一个身边，依然是无法释放自己的自由灵魂。仿佛是从一座牢逃向了另一座看上去更加华丽的牢。但是这便是司马相如的命运，绝对的自由对于他只是永远无法企及的奢侈。

当人生的岔路口悄然而至，果决上路才是最好的选择。虽然无法判断前路是否有让人心静神怡的鸟语花香，但是至少走向梁孝王的这条路会比原来的顺遂得多。至少梁孝王是欣赏和理解司马相如的。作为一个富家公子、朝廷官吏，如果真的回归到云淡风轻、闲云野鹤的生活，司马相如显然还不够有勇气，也无力去承担。但是在汉景帝和梁孝王之间，他做了当下对自己最好的选择。

长安到梁国要经历长途跋涉，但是司马相如的心似乎早已经飞往了梁国，他迫不及待地想要展开自己新的生活。于是，在这条漫长的路上，单枪匹马一骑绝尘，快马扬鞭地向着梁国奔去。启程之前，司马相如早已经写信给梁孝王，表达了自己想要去投奔他的决心。但是万万没想到的是当司马相如到达梁国睢阳城之时，梁孝王早就率领一众官员等在了这里。

这是何等的荣耀，梁孝王作为这大汉朝最有权势的人之一，也是一人之下万人之上的尊贵地位，却屈尊降贵亲临城门前迎接司马相如，这让司马相如在吃惊之余更是满满的感动，更加相信自己的决定是明智的。自古英雄惜英雄，心灵契合的人之间其实并无高低贵贱之分，有的只是知音相聚的缘分和默契。千里马因为有了伯乐才价值连城，而司马相如也因为遇到了梁孝王人生才能展开新的篇章。

在这睢阳城的城门外，司马相如心情久久不能平静，他强压自己心中的千头万绪，从马上一跃而下，向着梁孝王走来。待到近处才看清，随梁孝王一起来的还有曾在长安相见的枚乘、庄忌、邹阳等几位大臣。

待到走近梁孝王，司马相如上前一作揖，说道："我司马相如乃一介草民，怎敢劳驾大王和众位大人亲自来接啊！这真是让我受宠若惊啊！"

这是司马相如的肺腑之言，对于这样的重视和恩情确实会让人有些无力承担，感到诚惶诚恐。但是梁孝王却不以为意地说道："先生的才华我素来敬仰，而且先生是当代扬名千里的大才子，如今愿意来我梁国是梁国的福气。我接到你的信后早就算准了你今天到，早早就待人来这城门口接应了。"

面对梁孝王如此的盛情，司马相如真心被打动了。都说锦上添花容易，雪中送炭却少之又少。当司马相如落魄辞官成为一介草民之时，梁孝王却用最高规格的待遇来款待这位平民百姓，这等虚怀若谷、礼贤下士的情操让司马相如暗中高兴，他终于遇到了自己人生中的伯乐。

感动的心情尚未平复，梁孝王早已经跟司马相如相随进城了。为了更好地跟司马相如畅聊，梁孝王甚至放弃了乘坐銮驾，与司马相如一同步行向前。

从进入睢阳城的那一刻司马相如就已经清楚，他的人生已经进入了一个新的阶段。在众多的转弯中，他不知道自己这一次是否迎来了柳暗花明。但是又何必去担忧尚未发生的未来呢，当下的生活才是最实实在在的。

踏上这陌生却又让人备感温暖的土地，司马相如早已将过去的一切全部放下。那些风雨洗礼不过是人生道路上的一段小插曲罢了，也是在他生命中不断沉淀积累的养分。这片梁国的土地正向他敞开怀抱迎接他的到来。

无论前路如何，至少他已经拥有了一个好的开端。在前方不远处的宫殿之中，早就已经张灯结彩，似乎是在为他的到来欢呼。而事实也确实如此，梁孝王早已经在宫中摆好了宴席，等着为他接风洗尘。

一杯美酒入喉，温润甘甜的感觉涌上心头，正如他此时此刻的心情。守得云开见月明，人生总能绝处逢生。当前尘往事已成云烟，司马相如的人生便翻开了新的篇章。

第三辑
Chapter · 03

万千宠爱于一身 终宄不过黄粱一梦

如果说曾经长安城的风雨飘摇对于司马相如而言是一场永不愿重温的噩梦，那十几载梁国的生活便是他此生都愿沉溺的美梦。但可悲的是，纵使梦再美，也终有醒来的那一天。

　　梁国十年，是司马相如辞赋发展的飞跃时期。正如一棵刚刚破土而出的嫩苗，因了合适的土壤和灌溉才能够茁长成长。于司马相如而言，梁国这片温床便是他成长的最好土壤。试想若不是梁王的知音之交，又有哪个落魄文人能够得到一地藩王出城相迎的待遇，这不仅仅是一个君主礼贤下士的表现，更是一种超越君臣之礼的知音之情。

　　以文会友、辞赋交心，客居兔园，享尽歌舞升平、锦衣玉食，这段时光是司马相如人生中难得的安逸时光，也是他文赋人生的真正开始。一篇《子虚赋》让司马相如天下皆知，也成为日后司马相如重获生机的关键。

春风得意马蹄疾

　　众里寻他千百度，蓦然回首那人却在灯火阑珊处。人生旅途中的寻觅又岂能仅仅局限于爱情，对于壮志在胸的才子而言，人生的伯乐或许比其他都重要得多。从长安到梁国，司马相如的人生就仿佛从漂泊无依的大海上找到了停靠的港湾，内心重新获得安宁，所有的一切也都重新展开了。

　　生命的篇章总是有悲有喜，但是无论悲喜都会随着时间的流逝而翻过去。曾经在长安的落魄岁月早已经成为翻过的篇章，再也不值一提，而如今成为梁孝王座上宾的司马相如迎来的篇章或许是人生中最辉煌灿烂的一篇。已然来到梁国，司马相如纵然不能让自己无所事事，于是梁孝王便安排司马相如做一些文赋整理的工作，这正好发挥了司马相如的专长，而且并不繁重。司马相如来到梁国之后便被梁孝王安置在菟园，与枚乘、庄忌、邹阳等人同住，除了日常工作之外，便经常与这些好友聚在一起或云游采风，或把酒谈天，日子过得清闲得意。

日升日落、花开花谢，都不过是最最自然的更替，但是即便如此，在文人的眼中这自然之景中仿佛总是多了一些无法言喻的情感。正如司马相如从长安到梁国的境遇，在世俗之人的眼中，这不过是一场地点的更替，恰如换了笼子的金丝雀，纵使新屋再华丽也依然无法脱离被圈养的命运。但是于敏感多情的司马相如而言，梁王的赏识和尊重让他感觉到人生的价值，也让他愿意为此奋不顾身。

人生之事，自我的感知才是最重要的。正如身处不同位置的人看到的风景也不同，在别人眼中并未变更的位置可能于你而言已经是斗转星移。正如司马相如，虽然不过是更换了依附的人，但是他内心的感受却全然不同。人生的价值肯定都是在自我的认知中去实现的。如果说曾经的长安生活对于司马相如而言是一场破灭的美梦，那此刻梁国的生活便是一场新的梦境的开始。一个是结束一个是新生，心中的情感自然不同。

在梁国的这段岁月中，司马相如可谓是春风得意，生活在这菟园之内，亭台楼榭、小桥流水，仿若仙境的地域和谈笑风生的知己都成为司马相如新的人生乐趣。这是司马相如早就魂牵梦萦的地方，一座小小的菟园给予司马相如的不仅仅是身处优雅庭院的虚荣，而是关于铸就文学之梦的希望。

文人总是浪漫多情的，虽然只是一座小小的庭院，在世俗之人的眼中并无多少新奇，但是对于敏感多情的文人而言却往往拥有不同的意义。文人墨客常常以杨柳来象征离别、用梅花来暗喻傲骨、将月亮寄情于相思……这些本无生命、本无意义的事物在文人墨客的笔墨之下被赋予了不同的色彩，而此时的菟园对于司马相如亦是如此。

菟园又称为梁园，是梁孝王在睢阳修建的一座金碧辉煌的大园林，在当时可与皇宫内苑相媲美。若然这只是一座园林而已，纵然不会如此地让人向往。它之所以成为司马相如在梁国的"伊甸园"是因为梁王常常在此大宴天下文人墨客，把酒言欢、吟诗作赋。早在司马相如在长安之时就已经拜读了枚乘所作的《梁王菟园赋》：

"修竹檀栾，夹池水旋，菟园并驰，鹔鹴鶬鸹，翡翠鸲鹆。巢枝穴藏，被塘临谷，声音相闻，啄尾离属。于是晚春早夏，邯郸襄国，相与杂沓而往款焉。高冠扁焉，长剑闲焉，左挟弹焉，右执鞭焉，日移乐衰，游观西园。从容安步，斗鸡走兔，俛仰钓射，煎熬焄炙，极乐到暮。若夫采桑之妇，连袖方路。"

梁孝王向来惜才爱才，对于文人更是尊敬有加，但是这菟园不仅仅是为文人们提供了一个安定舒适的居所，更多的是一种尊重和庇护，是对于这些客居梁国的文人最高的礼遇。而在这菟园之内，当时汉代的知名文人纷纷相聚于此。虽说文人相轻，但相同志向的人总是能够在一起擦出异样的火花，因此这座金碧辉煌的菟园变成了让辞赋发酵的圣地。

当梦想照进现实，一切变得清晰可见之时，所有的遗憾也就烟消云散了。或许没有经历过山穷水尽，便不会对这柳暗花明的新天地如此感慨万千。在梁国的这段时光，让司马相如仿佛重新经历了一番洗礼，不再如在长安那般郁郁寡欢，但是却也不再锋芒毕露。

恰如经历了一次涅槃的凤凰，重生之后必定会更加的云淡风轻。初入梁国，纵使心中思绪万千，司马相如也不再如年少时那般急于求成。岁月的磨炼会让人变得更加沉稳，也更加通透。身为梁王的座上宾，司马相如对梁王身边的宠臣门生谦逊有礼，同时也在这样的低调中寻找自己的位置和同行者。

这是身处动荡复杂的官场必须具备的警惕之心。虽然深得梁王的赏识，但是在这庞大的朝廷之中，想要寻得自己的位置，便必须选对同行的伙伴。在入梁之后，司马相如经常参加梁王在菟园举行的宴会，与聚集在此的文人墨客一起切磋辞赋技艺，展示自己的才华。聪颖如司马相如，在这杯酒交错中他渐渐认清、摸清了这些文人游士的底细。

在当时的梁国，梁孝王门下有许多的文人游士，他们受到梁孝王的尊重，过着优渥的生活，同时也作为梁孝王的智囊团，为他出谋划策。但是看似只是一群寄居在梁王门下养尊处优的文人，但是却在本质上有着一些不同。身处在这些文人居士之间，司马相如发现这些人大体分为了两派，一派以智谋机智为梁王所用，他们虽然偶作辞赋，但是却对于政治仕途更有兴趣，经常在一些重大事件上为梁王出谋划策，这部分人多在朝中担任要职，也深得梁王信任。只是清高如司马相如，与这些圆滑市侩的谋士自是格格不入，而这些人也对从长安来的司马相如有一些不屑。另外一派则是以枚乘、庄忌、邹阳等人为代表的文人墨客，他们虽然也参与朝政，经常为梁王献计献策，但是却生性淡泊，把更多的精力用在了诗词歌赋之中。物以类聚，人以群分，司马相如自是视邹阳、庄忌等人为知己，更愿意与他们相处。更何况人与人之间相处本就是相互映照的，对于司马相如而言更是如此：你敬我一尺，我便敬你一丈。面对轻蔑和不屑，他毫不理会。

曾经的蜀中少年，面对别人讥讽只会让自己藏在象牙塔中，自我封闭地保护自己，但如今历经世事，司马相如已经学会宠辱不惊。这是对于自身自信的表现，也是内心壮大的表现。

文人本相轻，但身为同道之人，司马相如跟这些梁王府上的座上客却颇有一番惺惺相惜的味道。人生得意须尽欢，莫使金樽空对月。这世上本就知己难求，更何况是清高孤傲的司马相如。能够在这梁国之地遇到这些文人墨客，对于司马相如而言也是人生一大乐事。毕竟孤芳自赏不如百花齐放来得更有趣。

对于梁孝王门下的这些文人，司马相如尊敬有加，在辞赋研究上也与他们多有交流。一日，司马相如从一游士手中偶得庄忌所作的《哀时命》，便带回家中拜读。司马相如早就知道庄忌的骚体赋功底了得，却一直没有机会拜读，而此番拿到《哀时命》，却没想到读罢文章，让他如此地感同身受。

庄忌的这篇《哀时命》洋洋洒洒几百字，道尽了壮志难酬、生不逢时的悲哀，表面哀叹屈原的人生，但实际上也诉尽了自己寄人篱下、郁郁不得志的悲哀。"哀时命之不及古人兮，夫何予生之不遭时！往者不可扳援兮，徕者不可与期。志憾恨而不逞兮，杼中情而属诗。"这情真意切的哀叹一字一句敲击着司马相如的心，仿佛庄忌的文章在诉说着自己那无以名状的心情。文中的那些情绪让司马相如不禁想起了过去在长安的岁月，那时的他也是这般的郁郁寡欢，但如今身处梁国，梁王的厚待让他暂时忘却了这一切。但往事只是被沉淀在心底，这一篇文章便像一颗投入心中平静湖面的石子，让原本波澜不惊的内心荡漾起层层的涟漪。

在这月光皎洁、夜凉如水的夜晚，司马相如独自倚窗，心中的思绪被这篇《哀时命》所占据，这文中的一字一句都在诉说着庄忌的心情：他从长安到吴国，本以为能够一展才华，却最终还是受尽冷落，而辗转入梁，虽然得到了梁王的赏识，但是那些曾经的理想抱负也被渐渐磨平了，只剩下一些文人的无奈叹息。握着手中的简牍，司马相如似乎读懂了这个平素里与他一起把酒言欢的文人的心情，同时也映照出自己的心情。或许这就是文章的魅力所在，它总是会在不经意间感动一些你所没有预料的人，映射出一些你未曾想过的事。

其实写作就是如此，当下执笔并不会刻意去迎合谁人的心情，却总是在最后或多或少地让人产生共鸣。以文会友或许就是这样的道理。而司马相如在读罢《哀时命》之后对于庄忌的惺惺相惜，更多的是一种对自己人生的怜悯，甚至在感怀过去的同时，司马相如不禁开始反思自己身处梁国这段新生活。

作为梁王府上的座上宾，司马相如的人生貌似进入了一个新的辉煌时期。但是追根究底这不过是另一种形式的寄人篱下。而每天云游作乐、歌舞升平，看似华丽的生活，其中的辛酸和落寞又能向谁人道呢？人生知足常乐，如若在长安的生活还可以称之为郁郁不得志，此时的生活抱怨起来便显得有些不知好歹了。或许人生最无奈的正在于明明心中五味杂陈却不得不满足于现状吧。

这样的心情在此之前，司马相如从未点破，但是却依然在内心深处真实地存在着。若不是这篇文章，或许司马相如会一直刻意忽略掉这种感受，让自己一直身处目前安逸美好生活的虚幻之中。但这一篇赋文恰恰反映了他内心最真实的感受，也为他的人生重新敲响了警钟。

卞之琳说："你站在桥上看风景，看风景的人在桥上看你。明月装饰了你的窗子，你装饰了别人的梦。"人与人之间的映映不过就这寥寥数语，但是却又那么的难能可贵。这一篇短短的辞赋如醍醐灌顶，让司马相如开始真正审视自己在梁国的生活。身为梁王座上客，自是荣华富贵享用不尽，而曾经无法企及的肯定和尊重也如约而至，但是心中依然有一个被这些浮华所隐去的缺口。如果在这之前司马相如尚未了解那是什么，那么在读罢这篇赋文之后，心中也便明了了。

只是即便心如明镜，有些事情依然不想要那么赤裸裸地被暴露在阳光之下。仿若这柔和的月色，在天亮之后或许就会露出棱角分明的轮廓。但是至少在这一夜，它依然是温柔如水的，那么又何必迫不及待地去期盼黎明呢？后人评价司马相如时常说："司马相如爱钱又好色。"这样盖棺定论的严苛评价或许有失偏颇，但是却也在情理之中，司马相如也不过是这滚滚红尘中的凡夫俗子一个，留恋浮华也无可厚非。如果没有获得就不会在意失去。此时身处梁国的司马相如，人生纵使称不上完美，但是也算得上春风得意，如若太过纠结那些缺失，只会让自己在纠结和无奈中更加郁郁寡欢。

今朝有酒今朝醉，有时又何尝不是一种豁达。这样的司马相如或许有一些懦弱和逃避。但此时的他早已经不是那个从蜀郡出来的意气风发的少年，也已经懂得了现实的残酷。人生的执着有时候一次就够了，即便重新出发的路并不是那么顺畅，也纵然没有消极下去的理由。司马相如在院中边想边走，不知怎的就到了庄忌的门前，看着那依然亮着的灯光和窗前庄忌落寞的投影，司马相如踌躇了片刻，还是选择了离去。或许此时无声胜有声吧，看着那落寞的投影，本想上前去与庄忌攀谈一番，但是在门前久久伫立，却最终还是没有勇气去敲响那扇门。有些时候"此时无声胜有声"，那些隐藏在内心的伤痛又何须去点破呢？于是转身往自己的住处走去，司马相如边走边想着：不如罢了，别人的人生无从插手，让自己豁达一些或许会更好。

夜已深，月光也渐渐藏入天边的云层之中，只剩下稀稀疏疏的星光闪烁，显得有些许孤寂和凄凉。但摇曳的树影中偶尔传来几声夜莺的啼叫，暗示着这孤寂的黑夜中依然存在生机。

　　司马相如向着自己的居所往回走着，心想或许明天这菟园中又会有一场热闹非凡的宴会了吧，这夜的孤寂也会随着宴会的到来一扫而光。心中正如此想着，脚下的步伐也便越加轻快了起来，仿佛已经迫不及待地想要去迎接那一场杯酒交错。

　　人生岂能事事圆满，锦衣玉食在侧、三五知己相伴，或许已然是人生的最好状态。更何况明日尚不可知，新的光明亦会到来，前方的路途依然充满希望。与其哀叹当下，不如坚定步伐，让迈向未来的脚步更加铿锵有力。

抚琴弄剑歌舞人生，杯酒交错散尽愁梦

往事如烟，逐渐沉淀在心底，再也无法激起丝毫的涟漪。而日复一日，年复一年，时光不断向前推进，不断被洗涤的灵魂也开始闪耀光芒。

时光匆匆而过，转眼之间，司马相如已经在梁国度过了两年的时光。或许少了悲痛的人生就像是顺流而下的木船，行进得平坦又顺遂。在梁国的时光，让司马相如有了更多的时间于辞赋的研究中，也渐渐忘却了曾经的伤痛和无奈。

菟园的每一个角落，似乎都能看到司马相如的身影。

时光仿佛回到曾经在蜀郡的岁月，依然是抚琴弄剑、诵书写赋，唯一不同的是司马相如已经不是当初的那个单纯少年，也无法回到那个单纯的最初。岁月让人沉淀，也让心智不断成熟。随着年岁的增长，司马相如的辞赋越来越娴熟和内敛。

有时候最简单的生活往往是最难达到的，人总是会毫无来由地为自己设置太多的牵绊。其实花开终究会谢，浪潮经过了也终将退去，曾经的伤疤终会愈合。这世上所有的成熟都需要付出风雨洗礼的代价，但也必将会迎来雨后彩虹的馈赠。既然如此，那又何必苦苦执着于当下的苦难，或者在幸福之中就已经对尚未到来的苦难诚惶诚恐呢？徒劳无功之事不做也罢，这些道理便是岁月给予司马相如的礼物。

或许这一切与在梁国的经历息息相关。常言道："文如其人。"辞赋映照人生，在梁国的这段人生经历也成为司马相如辞赋道路上不可缺少的养分。身在梁国，过着养尊处优的生活，日子虽然平淡，但是却不单调。深秋时节，伴着一地的金黄落叶，司马相如常常跟随梁王骑马狩猎。每当骑马奔驰在睢阳城外，司马相如总是会恍惚记起旧时在长安的景象，只是景致虽然相似，人却早已不同。当年的司马相如，身为武常骑士，背负着保卫皇帝的职责，在狩猎过程中往往要时刻谨慎，根本无法享受狩猎的乐趣。而如今，他只是梁孝王旁边一个普通的随从，完全可以无拘无束地奔驰在这丛林之中，尽情享受策马奔腾、驰骋围场的乐趣。

当往日的沉重包袱变成今日的游乐之事，心中自然轻松不已。这变换的身份和地域，带给自己的不仅仅是生活的转变，更是心境的变迁。那些曾经以为奢侈的、遥不可及的事情都在这两年的梁国生活中一点点实现，慢慢将原本的沉重记忆覆盖。

曾经为了一场虚无缥缈的壮志雄心放弃了那些挥剑天涯、绿绮袅袅的日子，但是再回首才发现这些差一点失之交臂的过去是那么的难能可贵。其实，在梁国司马相如得到的又岂止是这些。作为一个文人，在来到梁国的那一刻，或许司马相如内心的天平早已经从仕途倾斜到了辞赋那一边，而这两年的平静生活，更是让他将生活的重心彻底放到了辞赋的钻研中去了。

冬日漫长，屋外早已经白雪皑皑，仿佛整个世界都被这一片纯白的色彩渲染得孤寂了起来。但是此时的梁园之内，人们常常能够看到司马相如在书房中废寝忘食、诵书作赋的身影。在梁国仅仅负责处理一些文案资料，司马相如拥有了大量空闲的时光。而这些时光他大部分都献给了自己最爱的辞赋。特别是寒冷的冬日，他更是不愿意外出，一扇雕花木门，骤然隔开了一个世界的寒冷，司马相如独坐屋内，沉浸在书海之中，仿佛整个世界的严寒都与他无关。

正如这些年他在梁国的整段岁月，远离了纷争、远离了官场，整个梁国都是他寄居的安乐窝。而此时寒风刺骨、北风呼啸，他更加没有理由走出门去迎接整个世界的凄凉。似乎在书海的世界中，他便能够获得一切。

古人言："书中自有黄金屋，书中自有颜如玉。"对于视文如命的司马相如而言，书中有他的救赎和自尊。早在幼年时期，他便饱读诗书，当时是这些文字和故事给予了这个木讷口吃的少年另一个世界。而如今，为了能够增加自己的辞赋功力，让自己的文章更加饱满丰盈，博览群书又成了他最好的途径。

前人栽树后人乘凉，古人之文让司马相如的文字功底得以提升，但是同代文人的文章同样也带给了司马相如很多的启发和灵感。其中不得不提的就是枚乘的《七发》。如果说曾经庄忌的《哀时命》感动了司马相如，那么枚乘的《七发》则是司马相如研究文赋道路上的难能可贵的养分。司马相如当下对于辞赋的研究已经到了一种如痴如醉的地步，当时菟园的下人经常在深夜看到司马相如的房中亮着灯，仿佛一进入辞赋的世界，司马相如就忘记了一切。而当时周围文人雅士的文章也成为司马相如研读的一大重点。

三人行必有吾师。这千年古训在司马相如身上得到了极好的印证。而此时身处梁国，更是为司马相如在文赋上的发展提供了契机。这菟园之中卧虎藏龙，每一个文人墨客都是司马相如潜在学习的对象。而素来谦逊好学的司马相如纵然不会恃才傲物，不可一世。于他而言将自己的姿态放低，努力汲取让自己成长才是最明智的选择。人外有人，天外有天。司马相如从来不是闭门造车的井底之蛙，因此对于周边文人的作品向来是虚心拜读、细细揣摩。而当他读罢这篇辞藻华丽、内容恢宏的《七发》之后，更是心中受到了极大的震撼和冲击。枚乘这篇文章不同于过去屈原的骚体赋，而是突破了旧的赋体形式，在华丽锦绣的辞藻中将作者的思想表达得淋漓尽致，用借古讽今的手法将楚太子的奢靡生活进行讽刺的同时让今人得到启发。

读完这篇赋文，司马相如的心久久不能平静，文章中那些妙语如珠、气势磅礴的句子一直在心头难以挥去。这让司马相如对枚乘的敬意又增加了几分。只是文人向来心高气傲，司马相如也不例外。但这心气并不是建立在忌妒之上，相反，对于司马相如而言，友人的优点正是他可以汲取的养分，是让他能够向上迈进的一把至关重要的钥匙。

其实放低自己才是真正的智慧，虚张声势只会显得更加空无一物、软弱无能。司马相如显然是懂得这个道理的，在研究文赋的道路上，他仿佛是一株始终低着头的稻穗，以谦卑的姿态拼命地汲取一切可以帮助他成长的养分。

只是放低并不代表自轻自贱，而是为了厚积薄发。一如曾经傲然独立的白衣少年，岁月虽然磨掉了司马相如的棱角，却从未夺取他内心的自尊和骄傲。在读完《七发》之后，司马相如暗下决心，希望能够写出一篇比《七发》更气势磅礴的文章。虽然决心已下，但是心中依然有些迷茫，对于文章从何下笔，司马相如的心中依然未有定数。

心中有所挂念，总是让人无法安然。当决定要写赋的那一刻，司马相如心中就一直被此事羁绊。但是灵感有时候真的很奇妙，苦思无解，但是有时又会在不经意间悄然而至。苦思无解不如将自己超脱出来，让身心放逐到另外一个天地，或许便能够寻获内心的柳暗花明。如此想着，司马相如便决定去野外散心，让自己走出冥思苦想的死胡同。心中一直被此事牵绊的司马相如信马由缰，在城外的山间纵横驰骋，希望能在这自然之中获得灵感。当司马相如随心奔驰在这荒原之上，在一座土山上稍作停留，心中一直期盼的灵感便在此时不期而遇了。登高远望本就易生感慨，而当司马相如在这山巅之上举目望去之时，荒原上的景色尽收眼底。望着这枯草遍布、秋风瑟瑟的原野，司马相如不禁回忆起那些骑马围猎的日子，心中的灵光一闪而过：何不写一篇描绘游猎的文章呢？

游猎射箭本是帝王诸侯的寻常之事，但是却从未见诸文赋，这一题材无疑是赋文之中的新颖内容。从武常骑士到随梁孝王骑马狩猎，司马相如更是对此事了然于心，更何况声势浩大、气势恢宏的狩猎场面更是能够塑造出气势磅礴的辞赋。想到这些，司马相如不禁内心热血沸腾，久久缠绕在心中的郁结也烟消云散了。

边走边想，司马相如心中已经大体勾勒出了这篇赋词的轮廓，心中更是兴奋不已，甚至连自己如何走回家都不记得了。这种突然茅塞顿开的感觉并不是所有人都能够懂得的，然而，如若内心的喜悦不与人分享，那么司马相如便一直难以平静下来。

于是为了能够跟好友分享自己的喜悦，也让自己能更好地充实这篇辞赋的内容，司马相如当天晚上便迫不及待地去枚乘的住处拜访，跟他描述了自己的想法，并征求他的意见。毕竟《七发》为枚乘所作，自己亦是因他的文章激发的斗志，因此司马相如想枚乘一定能够给他提供有用的意见，而事实上枚乘也并没有让司马相如失望。人生最美之事也不过如此，能够在自己喜欢的事情上不顾一切，而与此同时也能够找到心灵相通的伙伴。正如在夜空中独自闪耀的星辰，因为另外一颗星星的出现而更加光彩夺目。此时的司马相如正是如此——努力发光，努力照亮整个夜空。

谈及枚乘所作的《七发》，司马相如内心表达了欣赏之情，对于文中的一些语句——跟枚乘进行了讨论。这让枚乘心中自豪不已，同时也暗暗高兴能够结交到司马相如这样一位挚友。讨论完枚乘的《七发》司马相如便讲了自己想要写游猎题材的赋文的想法，并虚心地向枚乘请教，如何运用词句让文章更加跌宕起伏、声势磅礴。

对于司马相如竟然要写游猎之事枚乘先是惊讶，继而便肯定了司马相如的写作思路，这种题材确实少有涉及，而以司马相如曾经的人生阅历和他的文笔纵然能够写出不错的文章。对于辞赋的写作技巧枚乘建议司马相如用"大而至极"的方法，司马相如听后立即恍然大悟，思路也变得更加开阔了。或许人跟人的价值本就应该如此，相互照亮才能体现出对方的价值。

文如人生，同样讲究天时地利人和。而此时司马相如心中文题已定，又有挚友倾囊相助，可谓是事半功倍。于是回家之后便闭门谢客，专心钻研这篇赋文的写作。他虚拟了两个人名作为赋文中要表现的主人公，即"子虚"和"乌有"，意为不存在的虚有之事（这便是后世子虚乌有成语的由来）。而文章借鉴了《七发》的问答格式，让子虚作为楚国使者出使齐国，并与齐国的乌有先生展开辩论，在双方的争辩中自然而然地展示出当时贵族狩猎的宏大场面。文章框架一出，司马相如便文思泉涌，洋洋洒洒千余字跃然纸上，一篇辞赋完成了大半。只是完美主义的司马相如似乎对于文章还不满意，其后的一个月一直不断地推敲、修改。

一篇《七发》让司马相如对文赋的世界有了新的理解。正如在黑暗的迷宫中摸索，纵使出口就在前方，但如若没有光亮的映照，或许久久都寻觅不到。但当不经意的一束光投来，司马相如便豁然开朗。

世间之事往往无迹可寻，总是在无数的偶然中拼凑出未来的轮廓。司马相如旅居梁国如是，文赋创造亦如是。但这无法预知的未来中总有那么一扇门在前方等待，只要一迈过它便完成了对过去的告别。所以那篇未完成的辞赋在等待完成的契机，司马相如接下来的人生也在等待新的变数。

子虚乌有，才情恰是一霎烟火

烟花绽放，不过刹那之间，却留下永恒的美丽；昙花一现，昼夜之事，却存留一室芬芳。在最恰当的时光中，即便只是一瞬间，也可能成就无可比拟的辉煌。司马相如的人生即是如此，他那篇尚未完成的赋文正在等待一个美丽绽放的机遇。

冬去春来，不过是一个季节，整个世界却早已经变得截然不同。退去了冬日的萧瑟凄冷，春天的嫩芽悄悄蹿出土壤，万事万物都开始显露出生机盎然的气息。而这梁国的菀园之中，更是一派生机勃勃的景致。美景催生好心情，望着这欣欣向荣的园林之景，梁孝王不禁心情大好，心想着此时正是游园的好时机，府上的各位先生定然能够借着这美景写出佳作。于是决议召集府中文人墨客，共同游览忘忧馆，并举行一场诗赋大会。

忘忧馆位于菟园的一角，是梁王为府中文人修建的游乐场所。名为"忘忧"，此处自然是雕栏玉砌、亭台楼榭应接不暇；而园中时不时传来的清丽鸟鸣更是为小小的忘忧馆增添了一份生气。游历至此，虽然才是初春时节，这里却早已经是姹紫嫣红、繁花锦簇的景象，鸟语花香、流水潺潺，这美不胜收的园中景象让众文人置身其中，不禁心情大好、文思泉涌。而梁孝王也兴致极高，与众位文人游士在此举杯畅饮、抚琴作赋。一时间，忘忧馆内欢声笑语，让原本宁静的菟园顿时变得热闹了起来。

美酒佳肴在侧，又身处美景之中，作为文人当然少不了作文助兴。而此时司马相如正为自己所做的辞赋苦苦冥想名字而烦恼，但是在这和煦的春风中也渐渐释然了。待到酒过三巡，梁孝王望着满座的文人游士，不禁提议："众位先生，在这春色满园的忘忧馆之内，恰是游宴赋诗的好地方，而寡人已经许久未同诸位相聚，今日寡人再次与众位尽情畅饮，也希望能够有幸看到诸位的新作。不知诸位近来有什么佳作，尽可一一道出，如若没有，也可即席赋诗，大家共同交流。不知诸位意下如何？不过既然是比赛那就要有赏有罚，若能够作出佳作，本王必定大加赏赐；若作不出来，那就要接受惩罚了。"

梁孝王历来是赏罚分明之人，而此番提议更是能够激发文人墨客们争相作赋的热情。文人素来心高气傲，奖赏如何尚不必说，但若成为垫底之人要接受惩罚，纵然是心中千百个不愿做有损尊严之事。正是摸透了这些文人墨客的心理，梁孝王才作此提议。

众人见梁孝王如此提议，心中也便被激起了斗志，于是纷纷表示赞同，并决议从梁孝王右侧开始，依次赋诗，以祝酒兴。而素来以辞赋见长的枚乘更是首当其冲，即兴作出一首《柳赋》：

忘忧之馆，柔条之木。枝逶迟而含紫，叶萋萋而吐绿。出入风云，去来羽族。既上下而好音，亦黄衣而绛足。蜩螗厉响，蜘蛛吐丝。阶草漠漠，白日迟迟。于嗟细柳，流乱轻丝。君王渊穆其度，御群英而玩之。小臣瞽聩，与此陈词。于嗟乐今，于是樽盈缥玉之酒，爵献金浆之醪。庶羞千族，盈满六庖。弱丝清管，与风霜而共凋。枪锽啾唧，萧条寂寥，隽义英旎，列襟联袍。小臣莫效于鸿毛，空衔鳞而啾醪，虽复河清海竭，终无增景于边撩。

枚乘向来擅长华丽恢宏之词，此番他将忘忧馆内春日景象和众人游宴之事绘声绘色地描述了出来，让人仿佛身临其境。文章之中透露着写赋之人细腻的内心和敏锐的观察力，将园中之景、众人游历之景都尽收眼底，因此才能如此行云流水般地吟诵出来。

短短几百字的文章，即兴而作，但却层次分明、行文流畅，文风更是有枚乘一贯的大气华丽之风，将忘忧馆内之景象生动形象地描绘了出来。

文章一出不但应时应景，更是上乘之作，不禁让在座宾客拍案叫绝，梁孝王更是赞赏不已。

枚乘起了个好的开头，这接下来的游宴也便热闹了起来。其他文人也不甘示弱，纷纷将自己所作文赋诵读出来，羊胜呈上一首近日之作《屏风赋》，而路乔如写了《鹤赋》，公孙诡写了《文鹿赋》，邹阳写了《酒赋》，一首首赋作无不显示出这些文人墨客的深厚功底，让梁孝王赞赏连连，不禁感慨道："诸位先生才华横溢，皆是我梁国的栋梁之才，日后定能成就一番惊天动地的大事业！"

当轮到司马相如，大家更是连连恭维了起来："长卿兄，你可是咱们大汉朝的第一才子，早就听闻长卿兄诗赋了得，今日有机会能够一同交流，可谓我们的荣幸，我们拭目以待啊！"面对众人的赞赏，司马相如略显紧张，此时并未想出辞赋，但也只能硬着头皮站了出来。但此时心中正好灵机一动，想着将自己近日尚未完成的赋作呈上来跟大家一起探讨，便开口说道："众位先生过奖了，在座各位都是我大汉朝数一数二的才子，'大汉第一才子'之称在下愧不敢当。在下才疏学浅，在此献丑了，还望诸位多多包涵！"说完转身对梁孝王一作揖，又道："臣近日作得一赋，但是尚未完成，现将完成部分呈上来，希望大王和诸位先生能够不吝赐教，为臣指点一二。"于是便娓娓诵来：

"楚使子虚于齐，王悉发车骑，与使者出畋。畋罢，子虚过姹乌有先生，亡是公在焉。坐定，乌有先生问曰："今日畋，乐乎？"子虚曰：

"乐。""获多乎？"曰："少。""然则何乐？"对曰："仆乐齐王之欲夸仆以车骑之众，而仆对以云梦之事也。"曰："可得闻乎？"子虚曰："可。"王车驾千乘，选徒万骑，畋于海滨。列卒满泽，罘网弥山。掩兔辚鹿，射麋脚麟。骛于盐浦，割鲜染轮。射中获多，矜而自功。顾谓仆曰：'楚亦有平原广泽游猎之地，饶乐若此者乎？楚王之猎，孰与寡人乎？'仆下车对曰：'臣，楚国之鄙人也。幸得宿卫，十有余年，时从出游，游于后园，览于有无，然犹未能遍睹也，又焉足以方其外泽乎？'齐王曰：'虽然，略以子之所闻见而言之'……"

一首辞赋诵毕，众人惊叹不已，深深被司马相如壮丽恢宏的文风所倾倒，而文中一幕幕狩猎的景象更是让众人身临其境，久久不能回神。千余字的文章，内容却涵盖甚广，让人忍不住反复琢磨。梁孝王对司马相如这篇赋更是赞叹有加，连连赞叹："之前看过先生的赋作，但是先生此篇却跟过去的风格完全不同，应该说是更胜一筹。寡人今日敢肯定先生这篇赋作日后必将成为传世之作，比你过去那些赋作要恢宏磅礴得多，真乃大赋也！不知先生心中已经有了名字？"

司马相如思索了片刻，答道："臣尚未为此篇辞赋起名，不过现在却突然心生一计，赋文中人物子虚最先出现，臣想就以赋中人为名，叫作《子虚赋》吧。"

这篇辞赋虽然尚未完成，却已经耗费了司马相如许久的心力，纵然是其他辞赋无可比拟的。而此番司马相如呈现出来，解决了自己无辞赋可诵的窘境之余，还能够跟众位文人雅士相互交流，从中获取灵感，实乃一举两得。司马相如自己暗想至此，不禁微微勾起了嘴角。

众人揣摩片刻之后，更是连连称赞，认为以文中人物为名，更是绝妙之选。

听完众位文人游士的赋作，梁孝王不禁为自己门下有如此多的人才而感叹，心情更是大好，于是命人将自己珍藏的绿绮名琴呈上，赠予在赋作大会中表现最好的司马相如。

闭门谢客辛苦一个多月写出的这篇辞赋可谓是司马相如的心血之作，此番又能够得到梁孝王与各位文人雅士的认同，心中早已是欣喜不已。而听到梁孝王要以绿绮名琴相赠之时，司马相如心中更是感动不已，对于梁孝王的知遇之恩又多了几分，心中暗想：此生能够得到梁孝王如此赏识，司马相如必当涌泉相报！

这绿绮琴本是梁孝王心爱之物，从高达百尺的桐木之中取材制成，其木历经百年风霜，在恶劣的环境中生长而成，是难得一见的制琴良木。其后更是经过能工巧匠的精湛制琴工艺制造而成，是当时举世无双的好琴。其琴音清丽中带着一丝凄凉，哀怨中却又有一种激励人心的作用，是梁孝王的心头之物。而此时梁孝王却愿意割爱相送，可见对司马相如的赏识和重视。

宝剑赠英雄，红粉赠佳人。司马相如文赋之外，琴技也是一流，此番梁孝王投其所好，让这绿绮名琴也算找到了一个好的归宿。在座的文人墨客又岂能不懂这个道理，心中对于司马相如有些许忌妒的同时，对他的尊敬也多了几分。

而面对着通体墨绿、做功精细的绿绮名琴，司马相如更是爱不释手，向梁孝王连连称谢，并当场抚琴一首，将所作的《子虚赋》婉转悠扬地弹奏出来，琴声不绝于耳，随着辞赋内容的变化不断变化着旋律，更加把人带入辞赋的情景之中。

而枚乘、公孙诡等人也得到了绸绢五匹的奖赏，至于在席间未能完成赋作的邹阳、韩安国等人，梁孝王则令他们各罚酒三杯。

一场盛宴伴着悠扬的琴音和欢乐的笑声进入尾声。曲终人散，但是司马相如的心却久久不能平静。这是他真正意义上辞赋的开始，而这篇百般推敲琢磨的《子虚赋》不仅成为司马相如个人辞赋作品中的里程碑，更是成为汉赋史上不可磨灭的一笔。司马迁曾经在《史记·司马相如列传》中写道："相如以'子虚'，虚言也，为楚称；'乌有先生者'，乌有此事也，为齐难；'无是公'者，无是人也，明天子之义。故空借此三人为辞，以推天子诸侯之苑囿。其卒章归之于节俭，因以风谏。"

直至此刻，司马相如抚弄着绿绮名琴，让清脆婉转的琴音响彻菟园的每一个角落。他的心中也奏起了清脆欢快的乐章，仿佛人生的意义在这一刻才真正实现。而这内心的激荡和温暖也让他文思泉涌。仅仅几天的时间，他便把《子虚赋》剩下的部分一气呵成，并呈送到梁孝王面前。完整的《子虚赋》更是让梁孝王对司马相如刮目相看，对司马相如更是多了一番肯定。而同为梁孝王座上宾的枚乘、庄忌等人读罢他的《子虚赋》也是连连称奇，认为是不可多得的上乘之作。

如若人生的转折处真的有一扇门，此刻的司马相如已经用一篇《子虚赋》成功把门开启，让他的文赋人生迈向了一个新的台阶。

回首初入梁国内心的五味杂陈，此时的司马相如更加沉稳，因为他已经用自己的文赋向世人证明了他的才华，也让他真正感觉到梁国之旅不虚此行。而众人的溢美之词并没有令司马相如冲昏头脑，反而激励他在文赋的道路上勇往直前。

末路繁华，断肠人在天涯

一路繁华，几世迷离，都抵不过一场命运的洪流。于司马相如而言，生命中的那些颠沛流离似乎早已经是宿命般的存在，让人避无可避。在这梁国的数载光阴，锦衣玉食之下是满足抑或悲伤都不足为外人道，冷暖只能自知。

游走在梁国这片土地上，司马相如纵情享受着这份惬意。今夜月上柳梢，菟园中早已经红灯高挂，又有一场宴会即将举行。似乎早已经习惯了这种杯酒交错的生活，放下那些沉重的理想抱负，把酒言欢、吟诗作赋其实也是人生一大乐事。不过这一夜似乎有一些不同，让司马相如有一些出乎意外。

　　或许是因为对于这些文人墨客的好奇，今夜的菟园多了许多梁王家眷前来探视。只是毕竟多是王后、翁主，妇道人家纵不能如此抛头露面，但是她们都躲在远远的地方看着这场宴会，在远处聆听宴会中文人墨客的奇思妙语。而这其中，司马相如更是众人目光追随的焦点。蜀中第一才子的美名早已经传遍梁国，对于他的辞赋连这些王后翁主们也早已烂熟于心。

　　风流才子若无佳人相配，想来也是人生一大遗憾。只是有些邂逅只能成为生命中白驹过隙的风景。正如我们行走在这茫茫人海，总是会遭遇许多事，邂逅许多人，但是最终也不过是过客，能够留下的少之又少。但即便只是美好回忆，也会在心中激荡起涟漪，久久不能消散。

　　正如往常一样，司马相如与众人畅饮美酒、歌舞升平，待到酒宴散去便准备回居所休息。岂料刚刚离开宴会场地便迎面走来一个秀气可人的小宫女。宫女见到司马相如之后，作揖问好，并说明来意："司马先生且留步，我们翁主（仅见于西汉，相当于郡主）有请。"询问之下才得知，这是梁孝王的爱女刘妧翁主的邀请。众人听闻司马相如被刘妧翁主邀请，也震惊不已，不过还是调侃他说："长卿兄真是有面子，竟然能够得到刘妧翁主的青睐，让我等好生羡慕啊！"

　　听到这些司马相如并不作声，只是跟着宫女前去赴约。只见亭台之上，月光映照在佳人的脸上，刘妧翁主独坐小亭，一曲琴音便从指间流淌出来。待到司马相如走到跟前，琴声便戛然而止。刘妧翁主望着司马相如："早就听闻先生琴技了得，今日小女在先生面前献丑了！"

面对刘妩翁主含情脉脉的眼神，司马相如微微脸红，连忙道："翁主过谦了，草民的琴技难登大雅之堂，岂能跟翁主相提并论呢？"

刘妩翁主见司马相如如此谦逊有礼，心中的喜爱又平添了几分，话语中也难掩倾慕之意："早就听闻先生的才气，先生的赋作小女全都爱不释手、耳熟能详，今日有幸能够见到先生，不知先生能否答应小女这个不情之请，为小女作赋一篇？"

这样情真意切的邀请让人难以拒绝，更何况这还是梁王最宠爱的翁主的邀请，司马相如更是不敢怠慢，连连应承了下来。不过这深夜之中，孤男寡女共处一地实在是不合礼数。因此，明白了翁主的意思之后，司马相如便起身告别，回到自己的寓所。

月上柳梢，佳人有约。这本能成就一段佳话，但是对司马相如来说，这样的场景早已经是多次上演，此次不过换了一个人，换了一个身份罢了。本就生得一副让人爱慕的好皮囊，而且又有让人惊羡的才华，这样的司马相如纵然是让人青睐的。但是生命中对的那个人尚未出现，那即便是天仙下凡于司马相如也不过如此。其他人的爱慕尚且可以逢场作戏、礼貌敷衍，但是面对的是尊贵的翁主，便只能发乎情、止于礼。

这只是司马相如身处梁国的一段甜蜜回忆罢了，在他的生命中没有带来太大的影响。而且不过是一段少女怀春的青涩告白，对于司马相如而言，他接受不得也无心接受。虽然神女有心、襄王无梦的这段邂逅让人不禁扼腕，但是司马相如却没有什么遗憾。能够得到翁主的赏识纵然是好事，但是情爱之事，向来要求两情相悦。只是一段有缘无分的邂逅，于司马相如并无其他。人生之中能够邂逅的姻缘实在太多，但既然无法交付真心，那便不如不要给人留有希望。司马相如历来是多情的，否则就无法写出情深意切的辞赋了；但是同时他又是执拗的，痴情只能交付于所爱之人。

于是随着梁王入京面圣，司马相如便几乎忘记了这段小小的插曲，将思绪转移到重回长安城之中了。此时正是梁王备受朝廷重视的时期，司马相如等一同进京的文人墨客也深感梁王此时的意气风发。长安城正门大开，迎接梁王到来，天子更是亲临迎接，与梁王座驾并驾齐驱。这是何等的荣耀呀，作为梁王的座上客，司马相如也深深被这种荣耀感染。只是面对这曾经生活的地方，心中不免唏嘘，昨日仿佛依然历历在目，但是却早已是物是人非。不过庆幸的是，自己并没有所投非人，梁王确实是值得依靠的对象。

长安之行让司马相如心中思绪如麻，但值得庆幸的是因为这次入京，他偶然遇见了已经成为狗监的儿时玩伴杨得意。他乡遇故知，自然是值得欣喜之事，而狗监虽不是什么权势显赫的大官，但是作为内官，还是经常有接触皇帝的机会。因此司马相如便把自己所做的《子虚赋》赠予了杨得意，希望他有机会能够呈献给当朝天子。

虽然早已对景帝心灰意冷，但是司马相如心中的那团火一直都没有完全熄灭。人生总是会在遭遇挫折之时，为自己寻找一个可以独自舔舐伤口的避风港，甚至自欺欺人地劝解自己这就是自己想要的生活。但其实内心是否能够真正释然，只有自己知道。对于司马相如而言，有些沉浮在内心的希冀或许只是一直被隐藏了起来，却从未从心底消散。

时光一晃而过，那些过往便在心间留下斑驳的投影，转眼之间，司马相如来到梁国也已经有近十载的光阴。从二十几岁的风流少年蜕变成三十多岁的稳重才子，这期间的经历虽然平淡但是却也让他自得其乐。只是生来就注定了他的不平凡，即便内心也接受了如此安稳的人生，司马相如却始终难逃漂泊的命运。公元前 144 年，梁孝王逝世，司马相如失去了原本的依靠。在梁国的生活，华丽之下不过是另外一种寄人篱下，只是当欣赏司马相如的梁王去世，这些曾经依附梁王生活的文人墨客便再无依托。

纵使曾经努力为自己粉饰太平，将这段梁国的生活安放上知音相遇的光环。但是当梁王离世，司马相如才意识到这段心中所谓的高山流水遇知音的情谊是多么地不对等。他不过是个依附于梁王而存在的豢养门客罢了，失去了梁王的庇佑，他的生活只能是举步维艰。

子期病故，伯牙绝弦。没有什么比失去知己更让人悲伤。虽然司马相如与梁孝王的关系尚无法去比拟伯牙子期的知己之情，但是这世上终究是失去了一个最懂司马相如的人。失去梁孝王的护佑，司马相如的生活也变得潦倒了起来，本就是不食人间烟火的风流才子，过惯了奢靡富足的生活，司马相如并没有多少积蓄。因此在梁孝王死后，不懂得节制花费的司马相如依然保持着奢靡的生活，也很快坐吃山空了。他的生活越加贫苦了。物质和精神总有一个应该是富足的，但是这时的梁国已经今非昔比，再也不是鼎盛时期备受朝廷重视的梁国。在经历了窦太后逝世、梁王夺权失败以及武帝即位的变迁，梁国已经衰落。

树倒猢狲散，当年的游宴盛世已经成为存留在记忆中的黑白默片，那些夜夜笙歌的日子一去不复返了。那些意气相投的文人墨客们也纷纷各自去寻找新的依靠，离开了梁国。天下没有不散的宴席，待到离别到来，或许唯有与君醉饮三百场，不诉离殇，才是真正的洒脱吧。

但这是场没有告别的分离，不过好在司马相如孑然一身，即便要离开也无牵无绊。

患难时候最见真情，而此时孤身一人的司马相如甚至有些庆幸自己的孑然。回想当时的情形，曾有史料记载："（枚）乘在梁时，取皋母为小妻。乘之东归也，皋母不肯随乘，乘怒，分皋数千钱，留与母居。"对比枚乘的妻离子散，司马相如显然更加幸运。那些年曾经沉迷于夜夜笙歌，却从未找到人生的伴侣，或许这于司马相如也是好事，至少在自己最潦倒的那一刻只有自己知道，至少他保住了自己一点尊严。

只是失去了梁王，这旧日的理想之地也只剩下风雨飘摇。梁国再不是久留之地，但是何去何从却让人变得迷茫不知所措。无奈之下，司马相如选择重回蜀地。启程的步伐是那么沉重，不同于曾经从长安一路奔来的轻快，这离别显得那么伤感。如果说当年来梁国怀抱着对于新生活的希冀，那么如今的离开却满是伤痕和无奈。十年一梦，却最终又回归了原点。

或许生命本该如此，大起大落之后才能够真正地云淡风轻。人生本就是循环往复的过程，那些自以为的目的地可能只是生命中的一个暂时的休憩站，停留并不是最终的结局，不断行走才是生命的真实状态。

曾经少年得志，一掷千金只为求一个功成名就，但是当多年以后重新踏上这片熟悉而又陌生的故土，司马相如再也不是那个十几岁的翩翩少年。历经沧桑之后重归故里，没有曾经想象的衣锦还乡，只有满身的疲惫。离家数十年，父母早已经双双离世，这里再没有他的亲人，也没有任何的依傍。但至少这曾经成长的地方、这方养育自己的土地能够让人有一种莫名的心安。或许这便是故乡的力量，即便物是人非，却也依然能够成为内心最安定的存在。初回蜀地的司马相如深居简出，行事非常低调。毕竟他曾经也是盛名在外，当辉煌不再，心中难免感到凄凉。只是纵使他心中对尘世的人世多有抵触，却依然抵不过现实的命运。

在蜀地蛰居了一段时间之后，司马相如的生活已经到了捉襟见肘的地步。如若自己的父母尚在，作为蜀地曾经富甲一方的大户，司马相如的生活断不能如此。但是如今回来，父母早已经离开人世，司马相如再也找不到经济上的依附。而纵使才华横溢、文采斐然，却也不能解决温饱的问题。这或许就是文人的悲哀，如若无所依傍便成了无根的野草、漂泊的浮萍，只剩下凄凉和落魄。

深夜里司马相如经常望月叹息，但是哀叹也改变不了命运的窘迫。日子终究要过下去，因此他不得不为生计开始奔波。上天始终是眷顾司马相如的，并没有让他走上绝路。当时的临邛县令恰好是司马相如的旧时好友王吉，在得知司马相如的境况之后，他主动向司马相如伸出了援手："长卿，我知你常年在外漂泊，日子过得并不顺心，如有需要，你可以来我这儿看看，就当顺便散散心。"有时候朋友就是如此，一句话既保留了司马相如的颜面，又向司马相如抛出了橄榄枝。

于是司马相如便来到了临邛县，在王吉家做客。王吉素来欣赏司马相如的才情，对司马相如尊崇有加，这让司马相如已经灰暗的生活多少有了些许光亮。当时临邛县令跟司马相如相交过甚，而司马相如也早已经名声在外，所以很多乡绅富豪都想要结识这位大才子，司马相如的住处便常有当地的名士来访，一时间热闹非凡。

浮浮沉沉却终究回归原点，在这轮回之中，司马相如早已经历经沧桑。不过是十几载的光阴，但他的经历却比一般人多太多了。末路繁华，终究要流浪天涯。或许这就是司马相如最真实的人生写照。但是谁也不能说这就是终点，因为行走在路上，前路永远充满未知，司马相如的前方尚待他去探索跋涉。

第四辑
Chapter · 04

白首不相离 人间自是有情痴

凤凰于飞，翙翙其羽。这世上最美的追求莫过于此。风流倜傥如司马相如，自是少不得红粉佳人相伴。只是这一世他的人生却最终被一个叫卓文君的女子牵绊住了。人间自是有情痴，而司马相如和卓文君便是这世上最让人动容的一对。

　　如果说曾经不相信这世上有什么所谓的一见钟情，那么在读罢司马相如与卓文君的故事之后便再也没有理由不相信了。一段琴音绕梁三日不绝，依稀中却与琴音的主人魂牵梦绕，此等痴情或许只能出现在那个名叫司马相如的男人身上。琴挑相如之心，相如亦以同样的方式俘获佳人芳心。一段缠绵旖旎的凤求凰，让身在帘下的卓文君芳心暗许，甘愿抛下富贵荣华，只为与司马相如共谱一曲爱的旋律。而司马相如亦愿冒天下之大不韪，只为求一段双宿双飞的神话。

　　凤凰涅槃，看似悲烈，却在决绝中赢得了新生。司马相如与卓文君的这场爱情，凤鸟飞，凰相随，在烈焰火光中向着永恒奔去。

蓦然回首，那人却在灯火阑珊处

　　辗转流年，寂寞悱恻，但内心的悲苦却无人诉说。在这蜀中的日子，虽然有好友王吉相伴，但毕竟依然是寄人篱下，心中的愁苦或许只有司马相如一个人知道。每当夜深人静，司马相如总是望着悲凉的月色，久久不能平静，那些过往的时光如一幕幕的默片在心中倒映。

　　重回蜀地不过是司马相如的权宜之计。正如每一个流浪在外的游子一般，总是在最心痛、最疲惫的时候会想到故乡，希望在这里找到慰藉。只是纵使与王吉日日把酒言欢，但是却依然酒入愁肠化作穿肠毒药。这短暂的避世之举并没有让司马相如真正地解脱。于是冥思苦想之下，还是决定把自己从悲伤的情绪中解脱出来，重新去面对以后的人生。

司马相如自然有他的骄傲，曾经依附于梁王，是因了自己的才华，而如今寄居在好友王吉此处却仅仅是单纯的收留和怜悯。纵使已经是穷途末路，但是司马相如依然不愿意成为好友的负累。友情从来不是拿来消耗之物，更不应放到不平等的天平之中。司马相如早已经作出了告别的决定，希望去寻找自己的出路。

一日，司马相如在跟王吉畅谈过去儿时趣事，酒过三巡之后，他不禁有些为难地向好友王吉提出："王兄，在下在此叨扰数日，也到了该告别的时候了。不过还有个不情之请，不知道王兄能否借我五千钱作为盘缠，我想要去长安谋职……"骄傲如司马相如，说出此番话已经是斟酌许久，也确实是走投无路之举。但俗话说："救急不救穷。"此番跟好友开口借盘缠不过是应急之用，总好过长期依附于好友生活。只是好友对于他的决定也不知要如何劝解，只得道："我尊重你的决定，不过既然你已经来到这里，我断然不能让你这么快回去。这几天我陪你在附近游历一番，也当我尽一下地主之谊。"

既然王吉有此番心意，司马相如也不好拒绝，只得应承下来。只是对于一个生活迷茫不知去处的人而言，再美的山水在眼中也不过过眼云烟了。虽然王吉有心陪司马相如散心，但是面对这蜀中的青山绿水，司马相如却早已经没有了游历的兴致，不过走马观花地看着，一直都是意兴阑珊。

　　闲庭信步、笑看花开花落，这本是闲适之人才有的雅兴，而如今司马相如流落到蜀中，早已经没有这等的闲情逸致。但是人生总是在绝处逢生，总会在黑暗的尽头留下一丝丝希望的微光。而此时心灰意冷的司马相如万万没有想到这几日的停留会让他重新邂逅人生中最美丽的风景。

　　跟王吉在临邛城内闲逛的时候，司马相如偶然间经过了城中首富卓王孙的府邸。当然早就见惯了亭台楼榭、富贵浮华的司马相如纵然不会被这富丽堂皇的府院所吸引，反而是从这府院中传出的阵阵悲凉婉转的琴音让司马相如停下了脚步。那琴声如泣如诉，仿佛在讲述一个荡气回肠、婉转悲鸣的故事，让司马相如不禁对弹琴之人好奇不已。于是，司马相如便向好友王吉询问："在这临邛城里竟然还有如此琴技高超之人，不知道这卓王孙府邸的弹琴之人王兄可认识？"作为临邛县令，王吉对于城中大小事自然是了然于心，更何况这是城中首富卓王孙家的事情。看到司马相如对于此事如此感兴趣，他便告知司马相如这是卓王孙家的女儿卓文君在弹奏，并将这城中才女卓文君坎坷的境遇向司马相如娓娓道来。

　　说来这卓文君也是可怜之人，虽然贵为城中首富之女，人也生得闭月羞花，而且琴棋书画样样精通，可谓是这蜀地难得一见的才女，但是却十七岁就成了寡妇，让人惋惜不已。而正是经历了如此的人生变故，让这个原本活泼开朗的少女变得终日郁郁寡欢，将自己深锁在这庭院之内，只得借由琴音来表达自己的心声。

　　生于这富贵之家，看似华丽的出身，却让命运变得更加悲凉。如果没有那么多的父母之命和家族期盼，或许人生能够更加洒脱。但是正是因为背负了这些所谓的责任，才让自己被束缚在既定的轨道上，在期盼中将内心的期盼一点点抹杀。卓文君的命运如是，司马相如的命运亦如是。同样出身富贵，却又命途坎坷，让司马相如对这位素未谋面的女子心生怜爱之意。同是天涯沦落人，相逢何必曾相识。于司马相如，在这悲惨的人生之中能够寻得一位如此惺惺相惜、同病相怜的知音，人生也算得到了些许慰藉。

仿佛是暴风雨中被打湿翅膀的飞鸟，原本绝望无依地抗争风雨，却在前行的路上偶然遇到了另外一只同样际遇的飞鸟，内心便多了一丝温暖和依靠。这样的心情或许只有司马相如能够体会，正如他听到卓文君琴音之时的悸动和感伤。

或许正是因为这种命运般的惺惺相惜，又或许这就是所谓的缘分天定，司马相如在听过卓文君的琴音之后久久不能平静。等到他回到自己居住的都亭，那让人心痛的琴音却仿佛依然回荡在耳边，让他禁不住去想：这弹琴之人该是怎样一个女子，想来应该是温婉动人的。心中如此想着，便越地辗转难眠了，迫切地希望能够见卓文君一面。

人生自是有情痴，此刻的司马相如已经不知不觉中让自己深陷相思之苦中。想来可笑，司马相如孑然半生，也曾邂逅无数爱慕自己的靓丽佳人，但是却从不曾为谁真正心动。但是却在这落魄之时，只因为一段远处飘来的琴音便认定了卓文君为知音。或许情愫之事本就无迹可寻，总是在不经意间出现，也无可抵挡地侵蚀了司马相如的心。这一场以音传情的邂逅让司马相如整夜未眠，但是他心中却坚定了一个想法，那就是一定要亲自见卓文君一面，以解自己的相思之苦。

只是司马相如从来不是鲁莽轻率之人，也纵然不会轻易做出超越礼法之事。但正因如此，想要与佳人相见便更加困难了。思来想去，还是只得找好友帮忙。

自古英雄难过美人关，司马相如也不例外。虽然与卓文君素未谋面，但是在司马相如心中已经认定了这就是他命中的恋人。已经不是情窦初开的懵懂少年，但是这一刻的司马相如却仿佛一下子退回到青涩莽撞的少年时光，一心只求见佳人一面。或许心境真的能够改变人眼中的风景。虽然王吉曾经陪他一起在这城中游历，但是那时司马相如的眼中却只有悲凉。但是经过昨日一场琴挑邂逅，今日再看这人来人往、车水马龙的临邛城，却多了一份亲切。

一夜未眠的司马相如早早就起身到王吉的府邸，一路上伴着鸟儿的清鸣，身边不时飘来阵阵花香，司马相如的脚步也变得轻快了起来。都说人逢喜事精神爽，此刻的司马相如正是如此。来到王吉住处，司马相如也不扭捏，直接表明了来意："王兄，你可否想办法让我见卓文君一面。"听罢此话，王吉不禁一愣，不过随即也就明白了司马相如的意思。

窈窕淑女，君子好逑。这道理千百年素来如此，更何况是才貌双全的卓文君，能让司马相如动心也并不意外。只是王吉没有想到自己这位一向沉稳的挚友竟然如此直白急切地向自己提出这样的请求。惊讶之余也让王吉犯了难：好友如此诚挚地托付断然不能拒绝，但是卓文君可是城中首富之女，想要见到也不是容易之事。

虽未谋面，却早已经相思成疾。司马相如本以为王吉定然能够帮他见到卓文君，但是此刻看着王吉在屋内来回踱步，久久没有回答他，心中不禁焦急万分。在知道卓文君之前，司马相如从未如此迫切地想要见到一个人，而此刻他的心中已经被那拨动心弦的琴声和卓文君的身影所填满，于是便焦急地问道："不知王兄可有办法？"只见王吉摇摇头但是又点点头，慢慢答道："想要见卓文君不是一件易事，不过倒也不是全然没有办法。"

原来王吉虽然是这临邛县的县令，但是并不喜欢与商贾之人结交，因此跟卓王孙并不熟识，因此贸然去拜访似乎也说不过去。但是看着好友如此心切，也不得不想办法。

思来想去，王吉心生一计，便对司马相如说："长卿兄，想要见卓文君也不是难事，我倒是想到一良计，不仅不用我们亲自去拜访，反而能让卓王孙主动来宴请我们。"于是便把自己的计策一一向司马相如解释，司马相如也认为此计一举两得，连连道谢。

费尽心思却只为一个素未谋面的女子，这样疯狂的举动连司马相如自己都从未曾想过，但如今却真的深陷其中不能自拔。这爱情的力量想来还真是伟大，让一个早就心灰意冷之人重新燃起了希望的火苗。或许是这段重回蜀地的日子过得太为压抑了，才会因为一段琴声就将整颗心交付了过去。爱情跟人生的轨迹如出一辙，都需要一个时机和冲动，才有可能成就一段圆满的结局。

既然已经思定了计策，司马相如便跟好友实行了起来。于是接下来几日王吉大张旗鼓地去司马相如的住处拜访，而司马相如却避而不见，只让书童打发了事。此事一时间在临邛城内传播开来，让人对司马相如刮目相看。虽然本就知道司马相如是蜀中第一才子，与县令交往甚笃，但如今他竟然敢在县令面前摆起架子，而且县令非但不恼，反而对他更加尊敬，这不禁让人对司马相如的崇敬之情又多了几分。

这便是王吉的计策，作为这县城中的县令，无论哪一家的富绅都要给他几分薄面。而他如此招摇地出入司马相如的住处便是想让人知道他对司马相如的尊敬，而司马相如多次不见，县令却依然执着拜访，并无懊恼之意，更加让人觉得司马相如此人不简单。司马相如能够有如此挚友也实乃大幸。试问这天下又有几人在你落魄之际能够伸出援手，甚至用贬低自己的方法来抬高你的地位呢？人相知容易，但是能够如此全意为对方着想却实属不易。

其实，卓王孙一直想要找机会巴结县令王吉，但是介于王吉不爱与商人富绅接触，他也苦无机会。此番王吉跟司马相如一闹，让卓王孙觉得司马相如是他接近王吉的一个好机会，于是便准备设宴同时款待司马相如和王吉，想要以此向王吉邀功，趁机拉拢王吉。思及至此，卓王孙便到王吉家拜访，并且将自己想要一同宴请王吉和司马相如的想法告诉了王吉。

这本就是王吉的计谋，卓王孙此举早在王吉的预料之中。因此面对卓王孙的邀请他也乐得接受。于是一拍即合，一场声势浩大的盛宴即将在卓王孙府上展开。

宴客之日，卓王孙府上张灯结彩，城中的名流富绅皆被邀请至此。而此时的司马相如心中自是汹涌澎湃，他望着这满城的灯火，向着卓王孙府上一步步地走近。只是这喧嚣热闹与他无关、那些富绅名流他也不屑一顾，因为他知道在那深院之中的佳人才是他魂牵梦萦、内心神往的。

众里寻他千百度，蓦然回首，那人却在灯火阑珊处。这一夜，司马相如一步步走进卓王孙府，向着他命中的邂逅走去。

情牵一线，凤凰涅槃亦无悔

　　若一场相逢不过是一厢情愿的单相思，纵然不能谱写出琴瑟和鸣的爱情佳话。但是命运始终是眷顾司马相如的，不忍心让他的痴情化作相思泪。在那深院之中，纤纤身影独坐琴台，司马相如梦中的佳人也在等待这场命定的相逢。

　　这世上有些人虽然远隔千山万水，却依然能够心意相通。正如司马相如和卓文君，司马相如因为一曲琴音而对卓文君念念不忘，却不知其实早在这深闺之中，卓文君也因为司马相如的才华而对他钦慕有加。曾经一个在梁国，一个在蜀地，从未有交集的两个人，却依然命定般地相聚在了这小小的临邛城内。

缘分本就妙不可言，这千山万水却无法阻隔两颗相知相许的心。人生之美好不正在于此，郎有情、妾有意，谁也不会负了谁的相思梦。这样的缘分可谓是命中注定，仿佛在预示着他们今生这场轰轰烈烈的相逢。

卓文君虽然身处这深院之内，但是也饱读诗书。在司马相如做出《子虚赋》被世人所诵之时，卓文君也被这篇恢宏的辞赋所吸引，一直希望能够有个机会与才子相见。而此刻，父亲要设宴款待司马相如，卓文君更是心中大喜，一直期盼宴会的到来，能够一睹这"蜀中第一才子"的风采。

缘分的美好或许正在于此，没有任何杂质，却能够不约而同地心存期盼。夜凉如水，但是这府中的热闹氛围却将深夜的寂寥一扫而光。只是在这杯酒交错间无人了解，有两颗心正在悄悄地靠近。

这天夜里司马相如是最晚到的一个。这其实也是司马相如早就与王吉筹谋好的。既然要作戏当然要做足，早在宴会开始之后，王吉佯装寻找司马相如的身影，在未看到司马相如之时便起身对卓王孙道："在下因司马先生而来，但是至今却尚未看到先生的身影，想来这场宴会也已经失去意义，我还是离去吧！"卓王孙见此情景赶忙让府上仆人去司马相如的住处邀请司马相如前来。

待到司马相如到的时候宴会已经开始许久，但是无人抱怨司马相如的姗姗来迟，反而因为他备受县令的重视而对他谦让有加。于是，落座之后，不断有人过来对他敬酒，恭维之声更是不绝于耳。在梁国十年，阿谀奉承、夜夜笙歌早已经是司空见惯的事情，这些对于司马相如而言再也无法掀起丝毫的情绪。酒过三巡之后，王吉起身提议道："长卿兄，今夜大家相聚于此，但是却没有琴声助兴，可谓是一大憾事。不知长卿兄可否赏光，在此弹奏一曲以祝酒兴？"

说者无意，听者有心。虽然已经身处这卓王孙府中，但是司马相如依然未能如愿见到卓文君，此时正愁如何向佳人表达心意，听完王吉的建议，不禁计上心来。司马相如心想卓文君熟通音律，自己何不以琴传情，向佳人一诉衷肠。而正有此想，卓王孙已经令人将卓文君的琴搬到宴会之上，以供司马相如弹奏。

正是这接过琴的一瞬间，卓文君一掀帘幕便跟司马相如四目相接。虽然只是刹那的相对，但在这对早已经互生爱慕之意的男女心中却掀起了四散开来的涟漪。帘下佳人的那一瞥让司马相如惊艳不已。虽然早就听闻卓文君才貌双全，但是今日一见，卓文君那婀娜多姿的身影和犹如湖水般的眼眸一下子便印在了司马相如的心中，久久不能消散。

于是一曲《凤求凰》应运而生："有一美人兮，见之不忘。一日不见兮，思之如狂。凤飞翱翔兮，四海求凰。无奈佳人兮，不在东墙。将琴代语兮，聊写衷肠。何日见许兮，慰我彷徨。愿言配德兮，携手相将。不得于飞兮，使我沦亡。"一字一句随着琴弦散播开来，让人不禁深陷到这份痴缠的情谊之中。只是众人不过以为这是一首普通的艳情辞赋，却不知这字里行间都是司马相如对卓文君的情意。但心意相通之人并不需要冗长繁复的语言去解释，这短短数语司马相如一气呵成，而帘幕之后的卓文君脸上也增添了一抹羞怯的红晕，全然听懂了。所谓知音，可能正是如此吧。

上阕刚刚歌罢，司马相如抬头向那幕帘之后望去，依稀看到佳人那娇羞的身影，便知道卓文君已经读懂了他的情意。于是在佳人的激励下更加大胆，继续弹唱道："凤兮凤兮归故乡，遨游四海求其凰。时未遇兮无所将，何悟今兮升斯堂！有艳淑女在闺房，室迩人遐毒我肠。何缘交颈为鸳鸯，胡颉颃兮共翱翔！凰兮凰兮从我栖，得托孳尾永为妃。交情通意心和谐，中夜相从知者谁？双翼俱起翻高飞，无感我思使余悲。"

好一句"有艳淑女在闺房，室迩人遐毒我肠"，将司马相如的浓情蜜意淋漓尽致地倾诉了出来，连卓文君都不得不惊讶司马相如对她的情意竟然如此深厚。而继续听下去更是让佳人内心震动不已，好一个大胆的司马相如，竟然能够提出"何缘交颈为鸳鸯，胡颉颃兮共翱翔"的建议。这一段琴曲大胆张扬，诉说着司马相如的无限倾慕和对卓文君的热烈追求，甚至大胆地暗示要与卓文君私奔。"凰兮凰兮从我栖，得托孳尾永为妃。交情通意心和谐，中夜相从知者谁？"这期盼半夜幽会，成就佳偶的心意已然完全不顾世俗的眼光，只剩下浓浓的爱恋之情。

只是宴席之中无人知晓司马相如的意思，不过把它当作一曲大胆艳丽的辞赋罢了，众人惊叹司马相如的琴技却不知这琴声里的两个痴情男女的爱情已经悄悄萌芽。但是无人知晓又有何妨，对司马相如而言，只要卓文君懂得就已经足够。

凤凰涅槃只为求一次华丽的重生，拣尽寒枝也只为求得良木而栖。这首《凤求凰》彻底扰乱了卓文君的心。若在这相逢之前，卓文君对于司马相如只是简单的倾慕敬仰之情，在听罢这让人面红耳赤的告白之曲之后，心中沉静已久的一池春水便波动开来。曲终人散，宴会也在这婉转动听的琴音中进入尾声。待到宴会结束，司马相如独自走在回都亭的路上，此时街上已经了无人烟，只有偶尔传来打更人响彻深夜的声音，但是司马相如的心却再也无法平静。

衷肠已诉，也算是了却了一桩遗憾，但是佳人心意如何，却始终无从知晓。情到浓时分外煎熬，而此时虽然情意诉尽却不知道对方将如何回应，司马相如的心就像是有千万只蚂蚁爬过，内心无比地焦急和惆怅。等待是对痴情之人来说最难挨的煎熬，司马相如心中千头万绪，久久在房中踱步。

望穿秋水，望不到一场千古绝恋。在司马相如的人生进入谷底之时，这不期而遇的爱恋仿佛是他生命的最后救赎，而卓文君就是他跌入悬崖前抓住的最后一根救命稻草，一旦失去，就会跌入万劫不复的深渊。情深至此，便早已经无路可退，为了卓文君，司马相如甘愿冲破世俗的牢笼，只为求得佳人芳心。

只是深情如司马相如，能掌控的也只有自己的心罢了，对于卓文君的思绪他始终无法确定。但是好在这不是一场无疾而终的单相思，卓文君并没有辜负司马相如的情意。在宴会上听罢司马相如的《凤求凰》，卓文君同样夜不能寐，那深情动听的琴音时时在耳畔回响，让卓文君有些不知所措，又有些黯然神伤。本应是一场郎情妾意、两情相悦的浪漫情缘，但是在他们之间却横亘了太多的无奈。面对司马相如的告白，卓文君内心是欣喜的，但是想到自己的身世以及世俗的眼光，却让她有些踌躇不前了。毕竟她是养在深闺的大户人家的小姐，虽然年纪尚轻却早已经历过一场不幸的婚姻。束缚在卓文君身上的除了这深院之中的门第之别，还有封建世俗的沉重枷锁。

晚风轻拂、明月高挂，身在同样一座小小的城，共望着一轮同样的月，但是他们的距离却依然遥远。司马相如和卓文君之间相隔的是封建礼教和世俗偏见，是让人难以逾越的鸿沟。但是于相爱的人而言，这样的距离并不能阻止他们互诉衷肠。正如司马相如在《凤求凰》中写的那般："双翼俱起翻高飞，无感我思使余悲。"虽然想要展开双翼高飞并不容易，但是为了从相思的煎熬中解脱出来，司马相如也愿意为了卓文君冒险一试。于是司马相如找来好友王吉，希望他帮忙做媒，去卓王孙家提亲。只是卓王孙毕竟是商人，虽然对王吉恭敬有加，但是内心却精明无比，断然不会草率地将自己的女儿嫁出去，因此当下并没有答应王吉。

等待是煎熬的，司马相如得知卓王孙并未答应他跟卓文君的婚事之后更是焦急万分，仿佛自己的命运一下子变得难以操控，幸或不幸都在卓王孙的一个决定。这种无法掌控自己命运的感觉着实让司马相如不好受。颠沛半生，曾经风光无限也曾落魄颓废，但是没有一刻比此刻更加煎熬。看着司马相如痛苦的样子，王吉只得宽慰道："长卿兄切莫着急，卓王孙并没有完全推掉这门亲事，待我明日再去探探他的口风。"但可悲的是，等待尚且存有希望，让人绝望的是不留余地的回绝。待到第二天王吉再去卓王孙府上拜访，卓王孙早已经没有了原来的客气委婉，而是直接回绝了这门亲事。

听闻父亲直接回绝了司马相如的求亲，卓文君的心仿佛跌入了谷底。若不知道司马相如的决心也就罢了，而今司马相如愿意与自己缘定今生，她又岂能甘愿轻易错过，于是与父亲据理力争，希望父亲能够成全自己与司马相如。但是卓王孙对卓文君所谓的爱情和两情相悦嗤之以鼻，冷酷又坚决地丢给卓文君一句："即便让你在家待一辈子，我也不会把你嫁给司马相如！"

其实在王吉去替司马相如求亲之后，卓王孙便派人去调查了司马相如，于是才知道这所谓的"蜀中第一才子"不过是个无官无职、家徒四壁的落魄文人罢了。这样的司马相如在卓王孙眼中自然不是女婿的人选，纵使心中对王吉有所忌惮，也不愿意将女儿嫁给司马相如。

在世俗的眼光之中，门当户对远比两情相悦来得重要。但此时的司马相如能够给予卓文君的除了爱情再无其他。对于相爱的人而言，有情便能饮水饱。但是这在父母的眼中俨然是痴人说梦。卓文君生于这蜀中巨富之家，从小被父母捧在手心，她的父亲又怎忍心让她去跟着司马相如受苦呢。更何况卓文君的第一次婚姻已经失败，身为父母断然不能让她再次跳入火坑。而此时在卓王孙眼中司马相如何止是火坑，简直是他女儿万劫不复的深渊。

父母之命，媒妁之言，仿佛已经成为这世间姻缘中约定俗成的一部分，但是这样的阻碍却不能阻挡两个相爱之人的心。面对卓王孙的阻碍，司马相如心中有一丝的苦涩，但是却很快就被炽热的心意所取代。对于这份得来不易的缘分，他始终无法洒脱放下，于是便找来小书童，奋笔写下

　　那首他曾经为卓文君弹奏的《凤求凰》，并把辞赋最后的几句圈了出来，同时摘下随身佩带的玉佩作为信物，让书童一并偷偷送到卓文君手中。

　　相爱之人从来不需要冗长的注解便能够读懂对方的心，看到那纸上娟秀的字迹以及被勾勒出的那句"交情通意心和谐，中夜相从知者谁？双翼俱起翻高飞，无感我思使余悲"，卓文君便读懂了司马相如的心意。一边是父亲的反对，一边是司马相如情真意切的浓厚情谊，面对亲人的阻挠和爱人的呼唤，卓文君毫不犹豫地选择了后者。爱情让人获得勇气，卓文君勇敢地成为打破这世俗礼教的战士。

　　月明星稀，夜莺啼叫，这寂静的小院如同往日一般平静，但是却再也不见倚窗独立的佳人身影。此时的卓文君已经收拾细软，悄悄地从这禁锢了她整个青春年华的院落中逃离了出来。从此锦衣玉食、雕栏玉砌都不再是她的生活，她向着司马相如所在的都亭飞奔而去，去同自己心爱之人共谱那曲"凤求凰"的佳话。

　　尘世纷扰，终究抵不过一场两情相悦。纵使千万人反对，但是他们依然义无反顾地向着自己的幸福飞奔而去。凤凰涅槃才能成就一段新生，未来之路对于司马相如和卓文君而言或许坎坷不平，但是既然决定了奔向涅槃，就无畏烈火的淬炼。

　　"凤兮凤兮归故乡，遨游四海求其凰。"歌犹在耳，但是临邛城中已不见司马相如和卓文君的身影。从此，凤与凰相伴而飞，红尘四散在天涯。

爱不倾城倾国，却能倾我所有

　　这世上有一种鸟，它终年盘旋不息，只为等一场命定的相逢，待到遇上相同的鸟儿便把自己冲向荆棘丛中最长的棘刺，继而鸣奏出一曲最动听的啼叫。这种鸟终其一生只为一曲最婉转的和鸣，即便付出生命也在所不惜。

　　仿似飞蛾扑火、蝴蝶破茧，同样都是明知痛苦决绝却义无反顾。司马相如与卓文君的爱情亦如是。纵使全世界都反对他们的结合，但是因了这一生一世的爱情，他们还是选择了携手前行。所以在那个深夜卓文君向着司马相如狂奔而去，司马相如也勇敢地牵起了恋人的手，选择了共同去经历这场浪漫却又充满颠簸的私奔之路。

一个人的勇气或许微不足道，但是当两颗炽热的心相互碰撞，便能够激发出最灿烂的火花。当夜约了卓文君私奔的司马相如独自在都亭等待，翘首以盼佳人的到来。其实，在那个当下，司马相如的心中忐忑无比，因为他始终不知道这场一见钟情的爱情能否让卓文君放下一切随他而去。久久站立在小亭之中，却没有望到佳人的倩影，司马相如有些心灰意冷。但是，就在这时，卓文君来了，那个让司马相如魂牵梦萦的身影就这样映入眼帘。这让司马相如有些恍惚、有些不敢相信，但更多的是狂喜。

当爱情终得回应，那一刻司马相如仿佛拥有了抵抗全世界的力量。于是便诞生了那场被后人所津津乐道的千古佳话——文君夜奔。

爱情似乎能够驱散所有的严寒和黑暗，那一夜司马相如带着卓文君连夜赶往蜀郡，回到他的故乡。一路狂奔、披星戴月，似乎在爱情的幻梦中这黑夜早已经化作白昼，就连呼吸的空气都变得甜腻了起来。

正是爱得痴缠的男女，在他们的世界里一切都因为爱情被美化了。曾经让司马相如感觉物是人非、无比凄凉的故乡蜀郡也变得和蔼可亲了。或许正是应了那句话：重要的不是在什么地方，而是跟谁在一起。重新回到蜀郡的司马相如早已经没有了往日那落寞的心情，有卓文君在一侧陪伴，让他在蜀郡的日子充满了甜蜜的回忆。

而蜀郡毕竟跟临邛隔了一段距离，这里的人并不清楚司马相如与卓文君私奔之事，只以为司马相如娶了一个美丽俏佳人，都对他羡慕不已。

　　蜀郡历来被称为天府之国，是一个山明水秀、人杰地灵的地方。在这好山好水之下，两个情投意合的青年男女，经常泛舟而上、游历这方土地的大好河山，过着神仙眷侣的日子。山雾迷蒙、流水潺潺，山野之上正是鲜花盛开的时节，行走在乡间的羊肠小道间，与佳人携手相伴共赏日升日落。仿佛时间都在这一刻静止了。司马相如跟卓文君相依而坐，时间似乎就在这一刻定格了。

　　相爱至深便期待天长地久，只是往往事与愿违。如此神仙眷侣的日子并没有一直持续下去。虽然在蜀郡度过了一段美好的时光，但是司马相如和卓文君不得不面对现实的问题。这两个一直娇生惯养的少爷小姐，定然不会亏待自己，因此纵使私奔也依然锦衣玉食，不久便坐吃山空了。

　　意乱情迷之时往往会忘记这世间一切的纷扰，仿佛只要有彼此便什么都不重要了，但是生活却并不能如此。再美好的爱情也要有落地生根的一天，没有什么可以永远漂浮在虚幻的云端。不食人间烟火从来不是凡人能够达到的境界，当日子回归到柴米油盐酱醋茶，那所谓的爱情便会慢慢冷却，继而走向无可避免的瓶颈。

　　当现实的窘境犹如一盆冷水倾泻而下，司马相如和卓文君热恋的火花也被熄灭了。即便古人常说，"有情饮水饱"，但这毕竟只是夸张的言辞。爱情即便再美好，也无法承受生存的重担。

　　其实一场私奔虽然决绝勇敢，但是其中早就危机四伏。只是爱情让两个人一时迷失，忽略了这即将到来的狂风暴雨。早在司马相如投奔王吉之时就已经捉襟见肘，身上早就没有多少积蓄，而卓文君带的盘缠也在这短短的蜀郡时光中被挥霍殆尽了。当现实与爱情碰撞，司马相如和卓文君只能选择一半坚持，一半妥协。这对于他们或许是最好的方法，若不能生存，爱情又从何说起，而彻底放弃爱情于他们也绝不可能。

于是卓文君提议："长卿，不如我们回到临邛吧，只要我们愿意低头认错，跟父亲和大哥借贷，我想他们不会不帮我们的。"虽然这终究不是光彩之事，但是也是无奈之举，司马相如只得默许了卓文君的提议。但是天真如卓文君，本以为能够得到兄长和父亲的帮助，但是却被父亲拒之门外了。

并非卓王孙无情，这普天之下又怎会有父母不心疼自己的子女呢？只是卓文君的婚姻似乎变成了卓王孙心中的一根刺。初次结婚，本以为女儿嫁给王公贵族，日后定然能够享尽荣华富贵，却没想到不到一年卓文君的夫君便因病去世，让仅仅十七岁的卓文君成了寡妇。而如今卓文君的私奔让卓王孙失望不已。当初卓文君不顾家人反对偷偷跟司马相如私奔，早已经让卓王孙气在心头。虽然司马相如的才华一直为世人所称道，但在卓王孙眼中也不过是一个落魄潦倒的穷困书生，断然不能带给卓文君幸福。如今，女儿竟然潦倒至此，需要靠借贷度日，更是让卓王孙肯定了自己的想法。看着卓文君便恨铁不成钢，觉得她有辱门风，纵然不会对她伸出援手。

这样的境遇怪不得任何人，这是他们自己的选择，也理应承担选择的后果。爱情如若不经历考验，又怎能做到真的坚不可摧。那些被保护在羽翼之下的爱情仿若温室的花朵经不起任何的风吹雨打，唯有历经风霜的爱情才有走向永恒的可能。

如若现实的阻挠就能将他们的爱情击败，那么司马相如和卓文君的故事便不会成为流传千古的爱情佳话了。虽然未能得到卓王孙的援助，但是他们并没有因此被击败。坚固的爱情总是会在伤痛中越挫越勇，正如那不断淬炼的钢铁，总是在烈火煅烧中才能铸造成削铁如泥的宝剑。

人生之路从来不会风平浪静，而那些路上的荆棘和险滩才让携手走过的路更显得弥足珍贵。回到临邛之后，身上所剩无几，司马相如和卓文君不得不开始为他们的生计考虑。

这小小的临邛城虽然比不上蜀郡的繁华，但也算商贸往来频繁的繁华之地，再加上这县城的县令是司马相如的好友，想要招揽客源并不算难事。因此司马相如夫妇决定在这县城之内开个小小的酒馆，以此来维持生计。思量此计可行，于是司马相如和卓文君便变卖车马首饰，用最后的这点钱财开起了小酒馆。

一个曾经是风光一时、挥金如土的倜傥才子，一个曾经是首富之家的娇贵千金，如今却洗尽铅华，甘愿做一对贫贱相依的朴素夫妇。这样的人生境遇于司马相如和卓文君都是一种历练和成长。虽然没有了夜夜笙歌的虚华应酬，也不再有锦衣玉裘、绫罗绸缎的华美装饰，但是此刻他们心中却是平静而幸福的，因为相依相伴才是人生的最终归宿。当山穷水尽之时，他们终究懂得了爱情其实从来不仅仅是肆意挥霍，而是相互谦让和相濡以沫。

　　而这小小的临邛城内，也因为司马相如和卓文君的小酒馆变得热闹了起来。司马相如作为县令王吉的好友，经常有人看在县令的面子上来帮衬他们的生意，酒馆的生意一直很红火。而即便不是为了王吉，很多人也想来看看这蜀中第一才子跟首富卓王孙家的女儿到底是怎样的两个人。但是无论是什么样的客人，他们都平静以待。这是经历了窘迫生活之后学会的生存之道。人们经过这小酒馆之时经常看到这样一番情景：司马相如换上犊盘鼻裤，在酒客之间穿梭，时不时与来饮酒的客人插科打诨，俨然一副跑堂的样子；而卓文君更是荆钗布裙、素面朝天，开始了当垆卖酒的生活。

　　昔日的才子佳人如今却变成城中的小小商贩，让人惊奇不已的同时不禁唏嘘。但是司马相如和卓文君却丝毫没有羞怯之意，仿佛这原本就是他们的生活。夜色降临，酒馆的人慢慢离去，卓文君和司马相如便在后院收拾那些用过的碗筷。这样的生活他们过去从未想过，但如今却真真实实地经历着。双手沿着碗沿细心擦拭，偶尔发出吱吱的响声，偶尔一阵风吹过，让这本就寒冷的夜晚变得更加冷清，但是他们相互靠在一起取暖，似乎从未受到这寒风的洗礼一般。

　　身外之物本就虚无缥缈，一旦放下了便也就释然了。此时的司马相如和卓文君对于当垆卖酒的生活并没有丝毫的自卑。他们日子过得闲适自在。虽然不再有过往的富贵浮华，但是两个相爱的人在一起，生活自得其乐，又能时不时地抚琴弄墨、切磋琴技，人生亦已知足。其实生活本就如此，外在之物不过是强加在身心之上的负荷，内心的情感牵绊才是最真实的存在。当看清这一切之时，那些陪酒客们插科打诨、跑堂打杂、清洗碗碟的杂事都累积成了生命中的快乐因素，让人回味无穷。

或许正是这份坚持让卓王孙有所动容，又或者终究是身为父母的恻隐之心作祟。面对女儿跟司马相如一起当垆卖酒，卓王孙又气又恼，但是又不忍心看卓文君如此受苦。只是虽然心有不忍，但是依然有作为父亲的自尊，不愿意先向女儿妥协。而此时周边的亲人也不忍看卓文君如此受苦，便劝解卓王孙："你只有一子二女，而且又不缺钱财。如今已是生米煮成熟饭，既然文君已经嫁给司马相如，事已至此，已经是覆水难收，你又何苦让文君难堪呢？况且司马相如虽然如今无心求官、家境清贫，但毕竟也是有才之人，而且又跟县令是至交，对于文君也算是可托之人，你还是帮一帮他们吧！"

可怜天下父母心，对子女纵有千般不满，却始终无法狠下心肠。众人的劝说为卓王孙提供了一个台阶，他最终还是接受了女儿嫁给司马相如之事。卓王孙终究是不忍心看着女儿当垆卖酒、为了生计如此奔波，于是便派人送去奴仆百人、钱百万缗，并将卓文君出嫁的嫁妆全部送去。

似乎生活再次回归到了原点，司马相如也算是苦尽甘来。虽然这样的日子多少依靠了卓文君的力量，甚至后世有人以此来攻击司马相如。但是那份曾经为爱不顾一切的勇气，那份曾经当垆卖酒的坚持，才是他们最终能够让卓王孙动容的原因，这让两人在爱情路上一路坚守取得胜利。自此之后司马相如和卓文君的生活大为改善，两人重新回到了往日的饮酒作赋、琴瑟和鸣的闲适生活。

守得云开见月明，这对鹣鲽情深的小夫妻终于迎来了爱情的春暖花开。回首一路风雨兼程，司马相如和卓文君这段可歌可敬的爱情也终将成为往事，但那些曾经倾尽所有、为爱而生的日子却一直停留在记忆的河流中熠熠闪光。

情系三生，我终浅笑应你

　　沉舟侧畔千帆过，病树前头万木春。坎坷的爱情终究迎来了柳暗花明。曾经的硝烟弥漫归于平静，成为平淡却美好的人生。尘世间缘起缘灭都不过是眨眼之事，但亘古不变的是纵使过程再华丽，当尘埃落定，结局始终是朴实无华的。

　　轰轰烈烈的爱情或许只是刹那烟火，但过尽千帆的相守却才能真正走向永恒。司马相如和卓文君经历了轰轰烈烈也走过了穷困潦倒，但却能够依然相知相伴。重新获得了家人的支持，日子也变得滋润了起来，似乎他们爱情的寒冬已经悄然流逝。

　　曾经奔赴临邛是因为生计所迫，而今不再有生计的困扰，似乎也没有继续待在临邛的理由了。毕竟这个地方给了他们太多的伤痛和窘迫，虽然已经时过境迁，但是临邛于司马相如毕竟只是他乡异地。人生已然迎来春暖花开，而临邛的冬日也悄然而逝了。于是，司马相如开始想念故乡，想念那曾经无忧无虑、放肆游玩的锦屏山，想念那漫山遍野的梧桐树和山中轻啼的黄鹂鸟。

　　思乡情切的司马相如迫不及待地想要回到故乡安汉去，于是跟妻子商量过后，便启程前往。告别临邛，卓文君心中多少是有些不舍的，毕竟这里有她的亲人，而此处才是她的故乡。但是早在她选择了司马相如的那一刻，人生的天平已然倾倒，对于卓文君而言，这世上再没有谁比她的夫君更重要。从此之后司马相如的家乡便是她卓文君的家乡。

　　临邛的酒垆被他们卖掉了，连同那段时光一并收藏了起来。收拾好行囊他们便踏上了归乡的路。他们先是驱车前往蜀郡，再不是昨日那般的疲于奔命，今日重回蜀郡要闲适自在得多。但是曾经挥霍无度的日子依然是惨痛的教训，聪明如司马夫妇，纵然不会重犯昨日的错误，于是便购置田宅，妥善经营，日子也算过得汁甜水蜜。

　　只是在司马相如心中，故乡依然魂牵梦萦，蜀郡的繁华终究抵不过安汉的珍贵时光，于是举家迁往安汉，去圆一场归乡的梦。近乡情怯，那旧时旧景仿佛还历历在目，但是却早已经离别了十几载的光阴。曾经天真无邪的童年再也无法回去，那故乡也不知道还有多少旧相识。但是想要回去的心情依然迫切。

安汉本就是依山傍水之地，又刚刚经历了几场春雨的洗礼，更是显得绿意盎然。重新踏上这片故乡的土地，司马相如紧紧握着妻子的手，内心的喜悦不言而喻。这本就是一个小城，鲜少有外来的人叨扰，于是当司马相如一家几辆马车在这田间泥泞中艰难前行的时候，热情的乡民们便围了过来，争相打探这来访的俊俏男女。

"近乡情更怯，不敢问来人。"或许说的正是如此，看着围过来的人群，司马相如并没有如愿找到相熟的面孔，但是在报上自己的名字之后，却得到了意想不到的回应。乡民们一听来人是司马相如，立即兴奋了起来："你是犬子，不对，你竟然是司马相如！"于是便有热情的乡民在城内奔走相告："我们的大才子司马相如回来了！"

从未想过依然能够在故乡受到如此待遇，再感怀自己这些年所遇之事，内心不禁唏嘘。早已经不是当年那个名噪一时的风流才子，却依然在这故乡故人之中得到如此的声望，不知是悲还是喜。感念于此，内心自是五味杂陈。这其中的心情或许只有身边的卓文君能懂。毕竟这安汉不过是信息闭塞的小地方，乡人们纵然不知司马相如经历了怎样的颠沛流离，在他们心中司马相如是在皇帝身边当过武常骑士的大官，是安汉的骄傲。

重新回到曾经生活的院落，这里已经挤满了前来看望司马相如的人，这里面有完全不认识的面孔，也有曾经的长辈和旧识。虽然面孔不一，但却同样有一颗淳朴真挚的心。这不禁让司马相如热泪盈眶。曾经年少时性格自闭，对于安汉城的念念不忘不过是因为自己那难能可贵的年少回忆，

　　而如今院落中帮忙打扫、挑水洗车的男男女女们未曾占据他记忆的角落。此时并非衣锦还乡，却能够得到众人如此真挚、热情相待，让人不禁感慨万千。

　　人情冷暖世态炎凉，能够在这安汉之地寻得一丝温暖实属不易。贤惠温良的卓文君，此刻也被丈夫的乡亲旧友们深深感动着。于是便拉住司马相如的手，动情地说道："没想到你家乡的人们如此热心，看来我们应该好好款待乡亲们一番。"于是便拿出一些钱，让几个曾经相熟的乡亲和仆人们一起去集市购买鸡鸭鱼肉，想要盛情款待乡亲。

　　于是宴席一摆就是三天，相邻近的乡亲奔走相告，不论熟识的还是不熟识的乡邻都过来赴宴，一睹传说中的才子和他美貌妻子的真容。

　　宴会结束，司马相如和卓文君也逐渐适应了安汉的生活。这里宁静安逸，不似他们曾经在蜀郡的风花雪月，也没有在临邛那般的生活窘迫。此时的他们虽然久经长途跋涉内心身心疲惫，但是却依然是甜蜜幸福的。仿佛人生经历了一次新生，在安汉一切都是新的开始。面对丈夫的故乡，卓文君也忍不住真正把这里当成了家。

　　洗尽铅华呈素姿，此刻的生活或许才是真正的平淡归真，也让这对曾经颠沛流离的夫妻疲惫的心灵得到休息。于是在休息几日之后，司马相如便带着卓文君一起行走在这乡间巷陌之间，逐一拜访曾经的亲朋好友。但是归家之后一直备受乡亲们的爱护，却未能为乡亲们做些什么，这让司马相如夫妇苦恼不已。

　　人生无论身处何地都不应该停滞不前，早就经历了生活窘迫的司马相如夫妇深谙此理，于是便想着利用自己所长，为乡亲们做些事情。

冥思苦想之下还是卓文君想到了对策，于是她对司马相如说："长卿，这几日下来我看到这乡邻之间虽然热情淳朴，但是多没什么文化修养，你饱读诗书，又有蜀中第一才子之名，不如你编写几本简单易懂的书，教乡亲们识文写字吧。而我自幼学习养蚕织布，也算是颇有心得，如今有此机会便将这技术传授给乡亲们，也帮他们多一条贴补生计的门路。"

娶妻若此，夫复何求。卓文君的一番建议正中司马相如下怀。而夫妇二人也便身体力行，很快将这计划付诸实践。卓文君让人去集市上买来了笔墨，又让仆人在山上砍了些竹子做成竹简，司马相如家一个简易的小学堂便建立了起来。于是司马相如家的院落中再次变得热闹起来。司马相如更是将自己曾经写的文章和新编的识字课本整理了出来，并找来乡里一些识字的青年一起，一字一句地教导乡民读书识字。朗朗书声从庭院中缓缓流出，仿佛是一个个动听的音符。这是司马相如从未体会过的成就感。曾经在蜀郡做过教书先生，但是那时的自己一心想要积蓄力量从而飞离这小小的天地，而如今自己落寞归来身心都已经是千疮百孔，能够给予自己安慰的竟然是自己曾经拼命逃离的生活。命运还真是爱捉弄人，让司马相如在人生兜了一个大圈之后才发现最可贵的其实一直都在最初的地方。纵使曾经深受梁王赏识，文赋才华名扬天下，却从未如此刻这般踏实和满足。

而卓文君则在家中办起了小小的织布厂，带领乡里的妇女一起养蚕织布，巨细无遗地向乡亲们传授织布的技术。于是桑园中、院落里时常听到这些姑娘、大嫂们爽朗的笑声。这一刻的卓文君跟这些乡野村妇共处一室，玩笑嬉闹，没有半分大小姐的架子。生活其实原本就很简单，快乐也很容易取得，只要将自己的姿态放低一些，让自己融入人群之中，这样的平淡生活其实就是最大的幸福。

琴棋书画诗酒茶的人生虽然令人神往，但是男耕女织、平凡忙碌的生活却更加让人感到踏实。若不是卓文君的提议，或许司马相如这次的安汉之行也不过是一场缅怀过去的浪漫旅程罢了。但是如今能够为乡亲邻里开拓出一番新的天地却成了意料之外的惊喜。一个手握竹简，细心地传道授业；一个当户织布，在桑园田间肆意行走。这样的转变于司马相如和卓文君都是让人惊叹的。但是生活便是如此，正如他们曾经的爱情，虽然因为互相的才华而彼此吸引，但最终还是回归到平淡如水的真实人生。

忙碌的日子总是过得特别快，转眼又是一年，司马相如和卓文君也早就习惯了这样细水长流的日子。但毕竟不是池中之物，司马相如的人生注定不能够在安汉这座小城蛰居一辈子。

仿佛是沉积在水中的宝石，曾被流沙冲走，曾被乱石覆盖，但终究会在岁月的洗礼下重新露出光芒，让有心之人捡拾而去。当景帝去世，汉武帝即位，司马相如的名字又再次被提起。或许是命不该平凡。当年司马相如随梁孝王进京赠予友人杨得意的《子虚赋》被杨得意呈给了汉武帝，以至于武帝看后赞赏不已，于是重新招司马相如入京。

　　从此，司马相如迎来了仕途的第二春，但是也不得不面临跟卓文君的分别。只是一纸诏书，尚不知前途如何，司马相如断不敢携家眷前往，于是分别成了必然。但是卓文君却始终相信重逢的那天，正如她曾经不顾一切随司马相如私奔。此刻的离别她也笃定只是暂时的，因为她相信司马相如的才华足已在京城闯出一片天地。

　　于是策马奔腾、绝尘而去，司马相如独自一人踏上了赴京的旅程。而卓文君留在了安汉，留在了这片与丈夫共同编织梦想的土地上。年年月月，相逢不知是何日，但是早已经笃定了这场缘分，便无怨无悔地选择等待。情系三世，卓文君始终浅笑相应。

鸿雁寄情，与君永不话离别

杨柳依依、柳絮纷飞，这随风飘舞的柳枝似乎也在委婉诉说："不如留下，不如留下……"只是离情别绪纵使伤感，但是却从来不能真正将游子挽留。若心已经飘荡到远方，空留一具躯壳也便没有了意义。

当一纸诏书下达，司马相如心中五味杂陈。多年沉浮，这一次也算得上是守得云开见月明了，但是远上长安虽然是人生的机遇却也充满了未知，拖家带口并不现实，因此必须要暂别娇妻，独自踏上征途。心中虽然有万般的不舍，但是启程之日却悄然而至。

司马相如与卓文君的爱情长跑刚刚才迎来一场柳暗

花明，却又是那么的短暂。离情依依，对于如胶似漆的新婚夫妇而言更是一种煎熬。但是这是司马相如梦寐以求的机遇，不能因为儿女私情而轻易舍弃。善解人意的卓文君也知道，丈夫心中有理想尚未实现，这般男耕女织的平静生活并不能长久，但却没有料想分别的日子来得如此之快。长安、安汉有千里之隔，但是此时的他们却相信爱情能够跨越千山万水，只要心还在一起，距离便不能将他们阻隔。

于是安然踏上行路，看着一直送到村外的妻子，司马相如转身一挥手，便义无反顾地策马而去。一日又一日，离别的日子度日如年，司马相如和卓文君几乎是数着日子度过的。远在长安城的司马相如尚且能够将自己寄情于繁忙的工作之中，但是身在安汉的卓文君却陷入了日日思君不见君的相思愁绪中。

在司马家门前的溪流旁，卓文君在琴台前抚弄琴弦，将自己对丈夫的思念付诸在这琴弦之上。琴音凄清，道不尽心中的相思之情；歌声婉转，诉不完曾经的柔情蜜意。乡里百姓素闻司马相如娶了一位才貌双全的俏丽夫人，却直到司马相如去长安之后才真正见识到卓文君的琴艺。经常有从田间归来经过司马家门前的人听到卓文君那如歌如泣的动听琴音，便驻足停下，在这婉转清丽的琴声中寻得一刻的安宁。

当地细心的百姓甚至还在文君抚琴之时发现一个奇妙的现象，每当她的纤纤玉指拨动琴弦，那溪流便变换了流动的速度，仿佛那水流声在合着拍子为她伴奏，而水中的鱼儿也相聚到此，在水中嬉戏跳跃，好像要告诉这位痴情的佳人：你还有我们的陪伴。

　　两情相悦却不能两厢厮守，这对苦命鸳鸯在外人眼中是那么惹人怜悯。但是于他们而言，日子并不算煎熬，虽然被相思所累，但是却依然有共同的回忆陪伴。而卓文君似乎也相信千里之外的丈夫定能够听到她这诉说衷肠的琴音和歌声。而此时的司马相如又何尝不是寝食难安，深陷在对爱妻的思念之中呢？

　　初到长安的司马相如在仕途上并非如想象般一帆风顺。而远离官场多年，让他很难适应这官场的交往之道。素来不爱拉帮结派，更不愿成为这朝廷中党羽之争的牺牲品，于是他始终在朝堂之上维持着旁观者的姿态。但是孑然独立虽是好事，却让人更加孤独。离开长安数年，旧时友人都已经不在，除了狗监杨得意之外，他几乎没有朋友。但是即便是这旧交杨得意也不是时时能见的，况且故交并非知己，本就不是志同道合之人，即便相见也无太多话可以诉说。

　　人在脆弱之时总是会想到最亲密之人，正如受了伤的孩子会寻求家人的安慰。此时的司马相如尤为想念卓文君。或许他们都是幸运之人，有些人终其一生都不能找到那个相知相许之人。但是他们却最终走到了一起。只是虽然终成眷恋，但此刻两地分离的境遇依然让相思泛滥成灾。

　　于是，司马相如摊开帛绢，研墨提笔，在帛绢上写下："一二三四五六七八九十百千万。"写完之后莞尔一笑，将令人快马加鞭送回到安汉的卓文君手中。简单却又复杂的十三个字，仿似一种隐语，又好像是独属于司马相如和卓文君之间的密码，让外人不知所言何意。

　　这让人捉摸不透的十三个字，想来即便是被人偷窥去也不知道是何意思吧。文人总是喜欢故作高深，仿佛万事点破、平铺直叙就失去了原有的韵味。但是司马相如写下这十三个字除了心中有巧思之外，更多的是一种笃定，他笃定卓文君能够读懂他的深意，也笃定了他们是惺惺相惜的知己。这是司马相如对于自己这份惊天地、泣鬼神的传世爱情的信任和自豪，也是他最引以为傲的资本。

当公差将司马相如的书信交到卓文君手中，她缓缓摊开这等待已久的信笺，用手轻轻抚摸着上面丈夫的字迹。果然没有让司马相如失望，卓文君立即读懂了丈夫的深意。短短十三个字，从一到万，却独少一个"亿"字，"亿"便是"忆"，刻意避之不写，只不过是想要说明这思忆之情已经无法用文字来表达，可见心中的相思之情。思念无处投递，更无法用简单的文字表述出来，越是不能说则越是彰显这份感情的深厚。

司马相如的此般深情，卓文君又岂会辜负。相爱从来都是你来我往、相互回应之事，如果只是一个人的独角戏，便显得滑稽可笑了。但庆幸的是此时的卓文君和司马相如是相爱的，从来不存在单相思的苦恼。对于司马相如独具匠心的信笺，卓文君同样不甘示弱，用一种独特的回应方式写下：

一别之后隔山水，二地悬念盼夫归，只说是三四月，却谁知五六年。七弦琴弹断，八行书无法传，九连环依栏而磨弯，十里长滩眼望穿。百思想，千系念，万般何奈把郎怨。

万语千言说不尽，百无聊赖十泪干，重九登高看孤雁，八月中秋月不圆。七月半烧香秉烛问苍天，六月伏天他人摇扇我心比冰寒。五月石榴似火焰，偏是阵阵冷雨浇花端。

四月枇杷未黄我欲对镜心意乱。急切切，三月桃花随水转。飘零零，二月风筝线又断，郎耶郎，下一世来你为女来我为男！

这文字游戏同样玩得得心应手，让人不禁拍手称赞。但是相较之司马相如，卓文君的这番告白更让人感动。仿佛从离别之日的一幕幕都在这句中呈现。这春夏秋冬四季交替、日复一日年复一年，心中纵使有怨念却依然无法舍弃与爱郎的情意。于是只能等待，只能眼睁睁望着花开花谢、数着日子度日。"下一世你为女来我为男"，今生尚未过完，这痴情的女子却早已经期许了下辈子，甚至想若角色互换或许自己便没有现在这般痛苦。

在爱情之中，付出更多的一方承受的煎熬便更多，这是亘古不变的定论，一句颇为任性和幽怨的"你为女来我为男"道出自己对司马相如的深情。

情至深处或许就是如此般多情吧。这对痴情男女以鸿雁寄情，却又在字里行间之中展示出他们不同于常人的智慧和才华。司马相如夫妇的这两封信不知怎的流传了出去，一时广为传诵，甚至身在皇宫之中的汉武帝也知道了他们的这段故事，不禁感慨："司马相如果真才子也，竟然能够娶到如此才貌双全、天资过人的奇女子。真乃男才女貌的一对贤伉俪。"而后听闻司马相如和卓文君曾经的爱情故事更是感叹不已。世间竟然有这样的女子，甘愿为了所爱之人付出一切，这样的勇气和魄力当真可以与男儿抗衡。

汉武帝被这对情比金坚的夫妇深深感动，于是令人奔赴安汉城，将卓文君接到长安与司马相如团聚。别后重逢情更浓。来到长安的卓文君很快便适应了此处的生活，并且极力照顾起丈夫的生活起居。而因为有了卓文君的陪伴，司马相如的生活也变得规律了起来，仕途也开始步入正轨。他们之间的爱情向世人证明了爱情是可以照亮对方的生命的，也可以帮助对方变成更好的自己。

从此再也没有人在安汉城里抚弄琴弦，那相聚在司马相如家门前溪流中的鱼儿们也早已四散而去。但是关于司马相如和卓文君之间的爱情故事却在安汉城中广为流传，而司马家门前的琴台也被当作是他们坚定爱情的象征。后世之人将那琴台称为"望夫石"，引得无数情侣前来瞻仰膜拜。

爱感动天或许从来不是一个神话，正如那曾经的千里相隔从来就不是司马相如和卓文君之间的阻碍。司马相如和卓文君的鸿雁相寄，让这份爱情的永恒变成了可能。千百年后，当司马相如和卓文君已经在历史的长河中逐渐模糊了身影，他们的爱情故事却一直都在，被后世之人广为传颂。

第五辑
Chapter · 05

半生浮梦 一生颠沛

沉浮半生，终究守得云开见月明。司马相如的人生本就在悲喜之间不断转换，曾经失去依傍，人生跌至谷底，却依然能够绝处逢生，迎来自己人生的另外一场柳暗花明。

　　可惜的是，官场幻梦，一触即破，如若无法适应这其中的生存法则，纵使登入云端也终将会跌落。司马相如因武帝的赏识重回长安，这再次入仕拥有的是失而复得的喜悦。但万事万物总是利弊各半，当司马相如尚且沉浸在重回仕途、奉命出使的喜悦之中时，却未意识到自己已经将自己推入到一个进退维艰的地域。当被诬陷贪污重新罢官，此时的司马相如早已经是仕途路上的二进二出。

　　洗尽铅华，一生颠沛，想来不过浮梦一场。这仕途路上的大喜大悲终究将司马相如变成淡泊处之的坚强之人。当一切时过境迁，原本那颗充满希冀的心便再也无法热血沸腾。

辗转官场，文章自是千古事

　　人生世事难测，本已经对官场仕途心灰意冷，却不曾想依然能够绝处逢生。或许正是应了那句"是金子总会发光"，司马相如的才华终究获得了赏识。这一世的等待终究迎来了想要的结果。那不期而遇的幸运或许是命定的安排，也或许是沉积已久的厚积薄发。只是无论缘由如何都已经无所谓，重要的是最终司马相如站在了他梦寐以求的仕途大道上。

　　若说曾经离开汉景帝是因为汉景帝重武轻文，文人在当时没有地位，而且辞赋之作也不被重视，那么汉武帝即位可谓是换了一番新景象。正所谓一朝天子一朝臣，帝王的变更随之而来的是整个官场的浮沉，而那些臣服于天子之威下的臣子只能接受命运的安排。

运气似乎总是与司马相如不期而遇，在他跌入谷底之时带给他一丝希望的光亮。曾经在景帝冷落之时司马相如遇到了知己梁孝王；而此时已然决定归隐田间的司马相如又恰逢汉武帝提拔文人。此时正值汉武帝刘彻刚刚即位，这位重视辞赋的皇帝对于文人可谓敬重有加。

或许也是大环境使然，当时的汉武帝振兴农业、发展经济，整个大汉王朝一派繁荣发展的气象，正好推动了汉赋的发展。而此时汉武帝可谓是顺应潮流，极力发展自身的文学团体，一时间广结天下文豪，形成了一个庞大的汉赋集团。这是汉赋发展的黄金时期，更是一代汉赋大家成就功业的最好机会。

天时地利人和，如此这般的机遇司马相如又岂能不牢牢抓住。这是命运对于身心疲惫的司马相如的垂怜和爱护，也是他翘首以盼的结果。并不是没有想过要重新到长安，过去的离别有太多的不甘和无奈，因此在王吉府上才会提出借盘缠上京的想法。当时一场爱情的邂逅扰乱了司马相如的心。而如今姻缘已定，男儿成家立业，家已成，业却未立，又岂能不遗憾呢？这次入京，司马相如深感上苍悲悯，也下定了决心要做出一番成绩。

而这时恰巧汉武帝读到了司马相如的《子虚赋》，并发出了"朕独不得与此人同时哉"的感慨。对于气势恢宏、辞藻瑰丽的《子虚赋》，汉武帝赞赏有加，但却不知这是司马相如所写，空悲叹出一句不能同时代的悲哀！只是叹息若能被改变，那么也就不存在遗憾之说了。听到汉武帝的叹息，狗监杨得意便告诉武帝写赋之人尚在人间，正是司马相如。

没有什么比失而复得更让人欣喜，而此时司马相如于汉武帝便是一份失而复得的喜悦，于是大喜之下便立即传旨召司马相如入京。

曾经无数次期盼能够得到当朝天子的赏识，却最终美梦成空，而如今心无所念却在无意间机会降临，这对于司马相如而言是人生之无奈却也是人生的大幸。身为臣子命运本就早已不由自己掌控，但此时能够享受皇恩，却依然是万幸之事。

这上京之路，仿佛已经是前世之事，依然记得曾经倾全家之财力只为年少轻狂时一个功成名就的梦想，但是再回首，路依旧，却没有了当年的洒脱和随兴。这连接蜀地和长安的道路依然崎岖迂回，但是却不似年轻时那般的意气风发，反之却多了一些沉稳和平淡。这场上京之路，这跨越十几载的长安之行，对于汉武帝而言司马相如是失而复得的礼物，但其实于司马相如，这其实也是失而复得的幸运。

一骑绝尘，距离长安似乎越来越近了，而司马相如的心中往事也一幕幕重现。曾经的白衣少年，就在这城门之下，虽然风餐露宿但是却始终心怀希望，一心祈盼能够面见天子；而后成为武常骑士，也曾经追随天子左右，内心怀有过无限的希冀和期盼；更难忘的是寒风萧瑟之时，独自一人告别长安的落寞和凄凉……这些早已经远去的记忆随着重新踏上长安之路而渐渐变得清晰。只是，记忆犹在，旧时的欢笑悲喜却渐渐淡却，只剩下心中依稀的投影。

往事已矣，又何必念念不忘，此次上京跟历来都不同，这对司马相如而言是新的开始，也是另一次飞翔。心中念及至此，长安城便已经近在眼前了，记忆中的灰蒙景象被现在的好心情驱散，再望向这座熟悉又陌生的城池只觉得气派恢宏，一如初见。

在长安安顿好之后，司马相如便应诏进宫面圣。早已经过惯了粗布麻衣的生活，在蜀地更是已经归隐乡野，对于这曾经熟悉的宫殿不免感到一些陌生和堂皇。这通向皇宫的路似乎远比看到的要长，这曾经走过无数次的路再次踏上却总有一种不真实的感觉。但是旧时的记忆依稀存在，随着脚步一步步临近未央宫而浮现出来。眼看就要到正殿门口了，司马相如长吁一口气，心情也慢慢地平静了下来。

进入正殿之内，望着当朝天子，司马相如心中不免感慨：这汉武帝看上去只有十七八岁的年纪，但是面相却沉稳霸气，眉宇之间透露着不容人侵犯的英气，实乃少年英才。因此，心中对武帝的敬仰也更增添了几分。待到问好之后，武帝与司马相如侃侃而谈，亲切地询问了司马相如的身世以及他在梁国的游历经历。两人相谈甚欢，汉武帝对于这个应变自如、经历波折的大文豪赞赏有加，于是便询问了司马相如一些治国安邦的见解，而司马相如的回答也令汉武帝非常满意。

这一场朝圣之路让司马相如不得不感慨自己跟武帝的相见恨晚，抑或自己若晚出生二十年，人生的轨迹都会变得不一样。司马相如从未对自己的才华产生过怀疑，但是各花入各眼，他也并未狂傲到强求所有人的欣赏和认同。但此时此刻能够让武帝如此重视，司马相如已然无憾。

当惜才之人与才子相遇，必定会碰撞出不一样的花火。面对司马相如，武帝在赞赏之余也多了几分敬意，而大话古今之后也不得不提到那篇让他惊为天人的《子虚赋》。只是虽然武帝极力赞扬，司马相如并没有因此沾沾自喜。早就经历了官场的沉沦，司马相如已经不再是过去那个心高气傲的热血少年。对于荣耀贬低都能宠辱不惊，更不会喜形于色。聪颖如司马相如，作为曾经侍奉过汉景帝和梁孝王的近臣，自然懂得如何讨得天子欢心。于是面对汉武帝的赞赏，他谦虚地说道："臣的《子虚赋》只是多年之描绘的诸侯打猎之事，难登大雅之堂，而今遇到圣上，唯有写一篇天子狩猎的文章，才能真正让这篇赋文增光添彩，也让整个文章更加完整。"

寥寥数语却处处彰显着处世的智慧。这世上历来是"枪打出头鸟"，面对当朝天子的赞誉司马相如唯有表现出谦逊的姿态才能更得天子青睐。而这一番话在谦逊之余还巧妙地抬高了天子的地位，无形中讨得天子欢心。司马相如从来不是世故圆滑之人，甚至不懂得与人相处之道。世俗的那套规矩他不愿去遵循，但是这并不意味着他不懂这其中的法则。而是高傲如司马相如，除了当朝天子之外，他断然不愿放下自尊去对其他人阿谀奉承。

司马相如是固执的，因此他才将自己始终放置在官场的外围，始终不愿向其他人敞开自己的心；但是他又是聪颖的，懂得在天子面前审时度势，揣摩汉武帝的每一个细微动作，从而迎合皇帝的心意。

在这一点上司马相如无疑是游刃有余的。当汉武帝听闻司马相如之语，确实龙颜大悦，令人拿来笔墨竹简，司马相如当场作赋，一首精心雕琢的《上林赋》应运而生，赋中瑰丽的辞藻将皇宫的恢宏壮阔、狩猎之时的英勇雄壮以及武帝一统天下的威风描绘得淋漓尽致，让汉武帝读后不禁连连称赞，当即封司马相如为郎。而此篇《上林赋》被后人称为《子虚赋》的姊妹篇，是汉赋中的经典之作。

几百字的文章，寥寥数语却足以改变司马相如的命运。后人评韩信总说"成也萧何败也萧何"，而今对于司马相如而言则是"成也汉赋败也汉赋"。这一生仕途飘荡，司马相如始终离不开汉赋的牵绊。

但是文人毕竟有文人的悲哀。如若得过且过或许也能安乐一生，但是对于司马相如而言，从来没有所谓的中间地带。虽然被武帝封为郎，但是却依然只是无权无势的文官一个，纵使衣食无忧却不能为社稷出力。既然已经入仕，司马相如便不甘愿做一个毫无建树之人，只是想要建功立业也需要机会，而司马相如却迟迟寻不到他想要的机会。入朝为官、得天子赏识，这样的机遇司马相如已经等了十几载才实现，而建功立业的梦想更是遥遥无期了。

心中的郁结难以消解，但日子并不全然是苦闷的，它总会在失望中夹杂一些慰藉。有苦有甜才是真的人生，如果只有苦痛相伴人生也就彻底失去了意义。正当司马相如为仕途郁郁寡欢之时，他等来了日思夜盼的妻子——卓文君从蜀地来到了长安。夫妻已经分别两年之久，再见面自然是如胶似漆。而卓文君不仅仅是司马相如的伴侣更是他此生的知己，于是将心中的郁结全然倾诉，也在卓文君的劝解中寻得安慰。

或许是皇天不负有心人，司马相如这一腔热血终得回应。公元前 135 年，正值司马相如担任郎官之时，而此时唐蒙奉天子之命掠取和开通夜郎及其西面的僰中。而此举需要大量的人力、物力，于是唐蒙不得不征用巴蜀两地的百姓充军。但是最后唐蒙用战时法规将大帅杀死，一时间巴蜀百姓陷入惶恐之中，让天子大怒。于是汉武帝派司马相如前去责备唐蒙，并慰藉巴蜀百姓。

所谓养兵千日用兵一时，对于司马相如而言或许用兵打仗并不是强项，但是身为细腻多谋的文人，安抚百姓对于他而言却并非难事。于是一篇文势气魄、落地有声的《谕巴蜀檄》便被发布于众，以此平息了百姓的愤怒。同时司马相如恩威并施，很快便让这场混乱归于平静。

这一世以笔杆走天涯，或许已经是司马相如无法抵抗的命运。但是既然有此妙笔生花、写诗作赋的才能又何必自寻烦恼呢。世间万事万物皆有它存在之理，物尽其用终究能够成就功业。

从文赋中显才华，因笔墨而得名利，文赋已然是司马相如一生的羁绊，也是他走向飘摇仕途的钥匙。

悠悠天地，踽踽独行

　　生在官场，辗转漂泊，若没有淡泊之心，或许司马相如早就在郁郁不得志中愁闷而死。但是早就历经风吹雨打，对于人生中的沉沉浮浮虽有万般无奈，但是却也算看破尘世，淡然处之了。

　　只是多数人在这纷繁尘世的牵绊中早就失去了那颗平稳的心，于是在利益浮沉中迷失自我，继而黯然陨落。但是于司马相如而言，虽然在仕途上不尽如人意，但是却始终在等待一个机会。或许他这般等待并没有多么深沉，只是已经习惯了如此的日子，正如他十几年浮沉后依然有幸得到天子青睐，而如今行走官场，他也学会了沉淀自我、耐心等候。

最初回到长安那几年，司马相如始终犹如这朝廷之中的一个独行侠，身边没有家眷陪伴，更无亲朋好友在侧，自然孑然一身。而在这官场之中，他也无心去拉帮结派。纵使行走官场，结党营私已经是普遍现象，但是司马相如却无心经营。并不是他自命清高，而是文人的傲气使然，让他不屑于在这样的黑暗中行走。

也许是从小养成的习惯，本就口吃寡言的司马相如从始至终就鲜有好友，更习惯了独来独往，因此在这朝堂之上也便显得颇为异类了。不过如若内心静如止水，那便对诱惑和权力失去了兴趣。而司马相如初为郎官之时，并没有什么实权，不过是个文官的虚职罢了，因此便经常称病请假，对于朝野之事，鲜少问津。

但沉默并不意味着毫不在乎，只是一种无奈之下的委曲求全。既然能够重新获得出仕的机会，司马相如又何尝不想在这大汉王朝中大展拳脚？正如一个被囚困已久的狮子，在放逐之日又怎能不神往森林的怀抱。只是困顿之日已久，再出发总是多了一些牵绊，更何况这无权无势的境遇也让司马相如有心无力。于是不得不选择蛰居等待，等待那一个属于他的机遇。

然而命运的轨迹似乎总是雷同，即便出发点不同、路径各异，却总是在某一种意义上迈向一种殊途同归。一直在朝廷中担任郎官，不知自己何时能建功立业之时，属于司马相如的机会便悄悄来临了。

彼时的汉武帝正好将南夷纳入附属，国家正处于开疆拓土之时。而当时的西夷众诸侯国的国君看到成为汉王朝附属国的南夷在汉王朝的庇护下发展越来越好，心中甚为羡慕，便有了归属之意。这对于大汉王朝自然是好事，但是招抚容易管制难，因此如何招抚及管制西夷成为当下需要解决的一大难题。

开疆拓土对于朝廷乃是大事，完全马虎不得，而此时正是汉武帝带领大汉王朝走向鼎盛的时期，扩展疆土对于大汉无疑是喜事，但是难题一日不解决，这收复之路自然不会平坦。

历来朝政之事由大臣各抒己见，而其中能者自然会被天子所赏识。于是司马相如牢牢地抓住了这次机会，向汉武帝历陈自己的观点："西夷诸国地域平坦、物产丰富，是值得开发的富沃之地；而此地与蜀地相邻，只要打通蜀地与西夷，管辖自然不是难事。"

司马相如所言句句在理，正中汉武帝下怀。汉武帝统治时期正值大汉王朝休养生息之后，本就国力昌盛、兵强马壮。而汉武帝更是雄韬大略，曾经北平匈奴，南征夜郎，西通西域，对于开疆拓土势在必得。而司马相如所言更是坚定了汉武帝收服西夷的决心，于是封司马相如为中郎将，令其持节出使，前往招抚西夷。

于司马相如而言，这是千载难逢的机会，更是他大展拳脚的契机，于是便向汉武帝力表决心，誓将西夷收服。只是知难行易，此番出使定然是困难重重，但是司马相如并不是胆怯之人。既然已经接此任命便定当全力以赴。于是告别卓文君，带领一同出使的副官和随从，向着西南进发。

这是司马相如真正意义上第一次参与朝廷大事，心中自是汹涌澎湃。

而此行经过蜀地，更是让司马相如感慨万千。曾经狼狈回乡，流离失所甚至过着寄人篱下的生活，虽然终究再得翻身机会，却心中依然存有遗憾。衣锦还乡是每一个游子心中永不破灭的梦想，但他却未能实现。而此番作为天子使节经过蜀地，虽然不是刻意归来，但却颇有一番衣锦还乡的味道。一入蜀地，恍如隔世。而今旌旗飘扬、前呼后拥，如此气派的排场，让司马相如深感自豪。这钦差大臣之威风是代表大汉王朝的气势和雄威，同时在司马相如内心深处这也算是他自己吐气扬眉的时刻。

刚刚到达蜀地，不过是停留几日，司马相如家中就门庭若市。此番回蜀地，司马相如是衣锦还乡，而蜀地的官员更是备感光荣。这曾经的蜀中少年，已然成为朝廷的钦差大臣，如今驿车并排、官民夹道相迎，好一派热闹的场景。虽然心中自是骄傲不已，但是这样的景象让司马相如心中也不免唏嘘。而当地官员更是频繁拜访，无缘相见便把绫罗绸缎、金银珠宝统统托司马相如的门客随从献上，希望能够攀附这一层关系。但是深知自己此番职责所在的司马相如并未被这些富贵所动，而是一一婉拒了。但更让司马相如备受感触的是一直对他鄙夷的岳父卓王孙也前来示好，甚至将自己的身家的三分之一给了卓文君。

世态炎凉、人心不古虽然早已经是寻常之事，但是今时今日亲身经历依然让司马相如唏嘘不已。物是人非事事休，这命运的变迁果真让人无奈，但是却也让司马相如懂得了人心易变，能够坚守的唯有本心。于是即便如今荣耀加身，他依然不敢怠慢，始终坚定地行走在一个人的路上。

但威风背后并不是虚设的浮华，司马相如并没有被这一时的风光冲昏头脑，他始终知道今时今日所拥有的一切都需要真才实干去支撑。司马相如断然不会蠢到只表演一场狐假虎威的把戏，而这次出使于他而言是一个向天子证明自己的机会，也是他迈向建功立业之门的第一步。成败在此一举，司马相如纵然是不会马虎的。

于是他广泛巡逻西夷各地，虽然身为朝廷的钦差大臣，却从不露骄纵之色，对于各地官员始终有礼有节、恩威并施。而西夷各国之所以归附也是看中了大汉王朝丰厚的赏赐。而司马相如看准这一点，便以此为切入，用贵重赏赐收复人心，如此一来，招抚之事便有条不紊地进行开来，西夷（邛、筰、冉、駹、斯榆、白马）等国纷纷归附，郡县制度也毫无阻碍地推展开来。开疆扩土、收复沃野，这让汉武帝欣喜不已，对司马相如也大加赞赏。

在这西南边陲，司马相如望着长安的方向，他知道自己已经成功踏出了实现抱负的第一步。但是这还远远不够，他需要做的还有很多。既然机会已经在握，他绝不会得过且过地敷衍了事。于是司马相如乘胜追击，广修驿站、拆除边塞障碍，希望将大汉王朝的势力一直推进到沫水和若水一带。

但万事总是过犹不及，太过急于求成，只会适得其反。本想要在此地成就一番作为，却最终遭受重创。司马相如在企图打开"灵关道"之时，发动了巴蜀两地的上万人，让他们开山筑路、架桥修梁，企图打开这西南边塞要地。但开发西南夷的举措却在朝廷中掀起了轩然大波。

当时汉武帝常年对匈奴作战，国库亏空，财力紧张，而朝廷之中以公孙弘为首的三公九卿更是对于这一举措大力反对，他们历陈开放的弊端，认为此举是"以为疲敝中国，以奉无用之地"。而与此同时巴蜀当地的一些土豪劣绅也对打通"灵关道"要动用大量的人力、物力，甚至要向他们集资感到非常不满。一时之间，司马相如的举措成为众矢之的。

在这一片的反对浪潮中，司马相如身心俱疲，认为自己的计策并没有错，但是众口难平，心中也变得有些无力了。于是一边周旋在巴蜀乡亲面前，希望说服他们支持打通"灵关道"的举措；一边力排众议，向汉武帝历陈通关之后对于大汉王朝的种种好处。

三十几载的人生中，纵使波折重重，但是却始终未忘初心。司马相如心中建功立业、成就鸿鹄之志的理想依然屹立不倒。只是明明距离很近的梦却总在半途被打破，让人遗憾又无奈。但是心中的火苗尚未熄灭，司马相如便不打算放弃。

在这西南之地遥望长安，那座都城仿佛离司马相如又远了许多，但是他心中依然相信终有一日他将旗开得胜、荣耀归去。但此刻眼下依然道路曲折，前进的路依然困难重重。蜀道难，难于上青天！但司马相如始终相信，这生养他的故土会赐予他力量，帮助他成就通关拓土的抱负。

缘起缘落，故乡最是魂牵

　　是非成败本无定数，却又在冥冥之中似乎存在着牵引。恰如当年安汉城内意气风发的白衣少年，而今再回首已经是三十年后，但是却重新退回到最初的起点。故乡最是梦萦，司马相如的人生之路始于这蜀中之地，也终将在这里迎来转折。

　　与文君在此传道授业、养蚕织布似乎还是昨日之事，但一回眸却早已经事过境迁。属于司马相如的安逸时光早已经结束，现在剩下的是前路无尽的挑战和冒险。这故乡之地似乎一直在司马相如的生命中变换着不同的定义，从梦想的出发点到落魄的避风港，而后成为夫妻相濡以沫的桃花源，现今成为他建功立业的转折之地。

今时今日，蜀地再没有往日的平静，这里的喧嚣和争吵似乎都因他而起，也终将因他烟消云散。在打通"灵关道"一事备受阻挠之后，汉武帝下令派遣唐蒙到蜀地完成这一艰巨的任务。虽然无奈，但是却也不得不放手。虽然不再由司马相如执行，但好在他的计策终究得到了汉武帝的认同。

但是不同于司马相如的恩威并施，唐蒙行事要残忍决绝得多。或许这就是文人和将领的不同。文弱书生总是多愁善感、心怀慈悲，于是在任何事情都想要留有后路，而在沙场身经百战的武将早已经习惯了血雨腥风，任务高于一切，因此行事也更加刚烈狠毒。只是这武将与文将的差别对于朝廷而言，或许前者更事半功倍，但是对于百姓而言却是灭顶的灾难。被派遣到蜀地的唐蒙一心想要早日完成任务、建立功业，于是不顾百姓的疾苦，强行征收劳力来开山劈岭。对于想要逃跑的百姓更是毫无怜惜，一律以"军兴法"处置。

俗语道："棍棒底下出孝子。"但事实往往是这样的"孝"只是一时，而永久留下的是无尽的伤痛和仇恨。唐蒙俨如军纪的残忍做法对于蜀地的百姓而言恍若灭顶之灾，让人恐惧而又绝望。但是或许军人生就如此，早就习惯"军令大于天"的唐蒙显然不会对这巴蜀的可怜百姓心生怜悯。而作为将士更是信奉"将在外君令有所不从"的习俗，行事不留丝毫余地。

于是最终暴动一触即发，一时间蜀地人怨声载道，连同刚刚归附的西夷少数民族一起陷入了慌乱之中。

好事不出门，坏事传千里。蜀地的骚乱迅速传到了京城，一时间对于这西南边陲要安抚抑或压制朝廷再次展开纷争。只是英明如汉武帝，纵然知道以暴制暴不是长久之计，于是还是选择了安抚。而这安抚的重任无疑落在了最熟悉蜀地的司马相如身上。

这小小的边陲之地，对于其他人而言不过是荒凉蛮夷之地，但是对于司马相如却远不止于此。这是他的故乡，也是他曾经怀揣梦想的地方。而此时的暴动不得不说跟他的计策有着千丝万缕的联系。解铃还须系铃人，此番被汉武帝再次派往西南，司马相如心中更是感觉重担压身。司马相如内心是希望回到蜀地帮助自己的父老乡亲的，但是要从何下手，却需要从长计议。

万事一人扛在身，总是会让人喘不过气来，但是如若有人分担，事情便更容易化解。幸运的司马相如身边有聪慧的妻子相伴。当时在长安陪伴司马相如的卓文君也听到了家乡骚乱的消息，心中自是与司马相如一样忐忑不安。但冷静下来她便与司马相如一起分析西南的形势，也利用家中父兄的资源帮助司马相如了解当地各界人士对于这暴乱的看法。

追本溯源，才能寻得问题的本质，继而对症下药。家中贤内助的一席话确实如醍醐灌顶，让司马相如更加理智地分析对策。冥思苦想之后，司马相如便上书汉武帝，提出自己"抚喻平乱，通商招徕"的方略，准备以怀柔政策平息动乱。身为一朝天子自然希望能够将各方伤害降到最小，因此对于司马相如的策略也便欣然赞许，并命司马相如即刻启程赶往西南平息战乱。

　　运筹帷幄方能决胜千里。此时的司马相如对于蜀地之事早已经了然于心，心中也早就勾勒好了解决方案，因此平息骚乱之事便水到渠成了。身为辞赋大家，司马相如充分物尽其用，将自己的才华淋漓尽致地运用到政治生涯中。他对于蜀地百姓恩威并施，一边安抚百姓的情绪，一边命人将自己所写的《谕巴蜀檄》张贴到蜀地各处，力求让更多的百姓能够看到。这一篇告文言简意赅却字字珠玑，让百姓读完之后能够对打通西南边塞其中的利害认识得一清二楚。虽然文章有夸大之意，但行文晓之以理动之以情，依然让百姓深深动容。

　　得妻若文君，实乃司马相如人生中的大幸。而在这场动乱的解决中，卓文君更是功不可没，甚至连汉武帝都对司马相如赞叹道："卿本佳人，更得佳人策划，良可羡也！"

　　但是平息骚乱只是解决西南问题的冰山一角，司马相如深知蜀地真正要解决的要害所在——打通西夷边塞。正如司马相如临行之前对汉武帝所说"抚喻平乱，通商招徕"。此时"抚喻平乱"之事已经完成，其后则将开始"通商招徕"。

　　"通商招徕"不过四字方略，若要真正执行却并非易事。但这似乎没有动摇司马相如的决心。虽然早就知道这通关之路困难重重，但是他却一如既往。

　　早在他第一次企图打通灵关道之时，便有蜀地的百姓齐名上书汉武帝，称通关修路是以内地百姓的血肉去附着在夷狄身上，是让万民不足的劳民伤财之举。但是这些父老乡亲又岂能明白司马相如的苦心呢？

　　但是从来木讷寡言的司马相如也不知从何解释，才能得到家乡父老的谅解和信任，于是唯有寄情于辞赋，再次以书言志，写下《难蜀父老》，表明"盖世必有非常之人，然后有非常之事；有非常之事，然后有非常之功。夫非常者，固常人之所异也"，希望蜀地的父老乡亲能够明白通关的深意。

　　其实在司马相如心中，对于这蜀地实则爱之深责之切的情感，正因这里是生养他的故乡，才让他投入了更多的感情，而也正是因为深深热爱着这片土地，更能让他知道这巴蜀的历史变迁和它真正的归宿。或许打通巴蜀跟西夷之地，西夷确实是更大的受惠者。但是人皆有同理之心，曾经蜀地被称为蛮夷之地，只是随着大汉王朝的不断发展、文化融入，才有此般繁荣景象。而此时的西夷不过是昨日的巴蜀，今时今日西夷愿意归附大汉、寻自身一个新生，身为近邻，巴蜀又岂能将它拒之门外呢？

　　司马相如心中始终都有作为文人悲天悯人的一面，于是言辞之间更是包含对这社稷苍生的怜悯之心。或许就是这样的情真意切打动了百姓，也打动了当地的乡绅。又或者只是聪明的商贾乡绅们看到了这两地相同的长远利益，于是纷纷捐钱捐物，百姓也踊跃出力，让原本已经停滞的修路、架桥顺利进行。

　　其实西夷之地交通不便，又处在穷乡僻壤，历来需要同巴蜀通商，诸如盐巴、茶叶、丝绸、锦帛等生活用品都需要依赖巴蜀。而如今修路互通之后，商贸往来更加频繁，可谓是一举两得之事。在司马相如成功开通西夷与巴蜀之后，蜀地迎来了经济文化的全面大繁荣，而其后这里也成为世界上最早用天然气冶炼铁器的地方。曾经的西南边陲，因此而变得更加繁荣鼎盛。

虽然世人提到司马相如总是以其汉赋成就为代表，却不知曾经司马相如也为这故土旧地带来命运的转折。如若不是这一场西南出使，或许司马相如的政治才华就在历史的长河中被深深掩埋了。或许这便是才学渊博者的悲哀，虽然博学多才，但是世人的眼光却始终集中在最突出的那一项，就好像仰望夜空，人们总是会先注意月亮的光芒，却忽略了群星的存在。其实人生之光芒与那天空银河一样，无论光亮大小，都应该是不容忽略的存在。

如今不用一兵一卒便为大汉王朝开拓千里疆域，让汉武帝欣慰不已，待到他回朝复命，汉武帝不禁喜上心头，称赞道："爱卿本是作赋之人，如今却能够为我大汉开疆扩土，此等作为实在难得啊！"但司马相如并不好大喜功，只是谦虚地答道："这全是托了皇上的洪福，也是巴蜀百姓命中的运气，臣不过顺势而为罢了！"

其实无须显山露水，那西南边陲往来商贾和繁荣景致已经让司马相如的政治才华锋芒毕露。而这片生养司马相如的土地在后世成为人们口中称赞的"天府之国""巴蜀熟，天下足"之时，司马相如的名字也将与荣耀同在。

独自凭栏，终究是孑然一身

　　人生总是风云莫测，本以为雨过天晴即将迎来绚丽彩虹，却又常常期望落空，希望遇见的美景没有降临，反而迎来一场更大的暴风雨。世事无常或许正是如此，而司马相如的人生似乎一直与这四个字息息相关。

　　曾经满腔抱负、剑指天涯，最终在故乡蜀地一展拳脚。司马相如的出使对于他而言无疑是人生中无法磨灭的绚丽一笔，也是他对于曾经壮志难酬的生活的慰藉。立功之人，重回长安必然是备受赏识，当朝天子更是赏罚分明，司马相如从蜀地归来注定了荣耀加身。

　　然而事实也正如所想，此次开拓西南疆域，汉武帝心中大喜，下诏重赏司马相如。似乎生活至此已经是人生的巅峰，仿佛一个登山之人，披荆斩棘、历尽千难万险，终究一登凌绝顶，俯瞰众山小。更何况此时司马相如身边还有卓文君相伴，名利、事业、爱情……这集万千宠爱于一身的时刻让司马相如无比珍惜。但是正如登山至顶，于是之后的每条路都不可避免地走向下坡，这是无可逃脱的宿命。

傲气如司马相如，向来不向命运低头，但是此时此刻命运却并未轻易放过他。长安城内歌舞升平、锦衣玉食的日子并未长久。虽然早已经敛尽锋芒，但是出使一事让司马相如名声大震的同时，也为他带来了忌恨和报复。人生自是有悲有喜，而此时的司马相如尚沉浸在成功的喜悦之中，却未曾料到一场风暴正在向他袭来。

朝中大臣早就有人因为在疏通西夷问题上与司马相如多有争执，而此番司马相如胜利归来，更是让人忌恨。于是便有居心不良之人诬告司马相如在出使期间收受了贿赂，让司马相如蒙受不白之冤。当初出使司马相如一心想要成就一番事业，对于送礼巴结的官员一概婉拒，却万万没想到依然被人陷害了。

历朝历代，只要人在仕途，便难逃党派排挤、利益纠纷。虽然从未归属过任何的党羽，也未曾拉帮结派，但是中立的人生在这混浊的仕途中更加举步维艰。不代表任何利益的结果便是也不被任何的利益方所维护。想要在混浊的尘世中独自保持清廉，便必然要经历被打压和排挤的命运。早在上书要收服西夷之时，司马相如的心中便早就有了准备。因此才在平夷的过程中更加严格地要求自己，不让任何人抓到把柄。但是事事总是难尽如人愿。最终，司马相如还是因为自己的坚持和清高被反对者们陷害了。欲加之罪何患无辞，在这一刻，司马相如才深深懂得其中的无奈。

屈原说："世人皆浊我独清，举世皆醉我独醒。"但是想要明哲保身又谈何容易，纵使司马相如有心保持清廉，却终抵不过这官场的污浊陈腐之气。当一纸免官诏书下达，司马相如心中并没有太多的失落。早已经对官场的沉浮宠辱不惊，而此时更是清者自清，身正不怕影子斜，即便是免官他也并不悲痛。只是心中总有一些不甘和对于自身的悲悯，似乎他的人生从未有过真正的"守得云开见月明"，而是永远在幸与不幸中循环往复。

与其一直自怨自艾，不如坦然面对命运。在罢官命令下达之后，司马相如淡然一笑，未做任何争辩便坦然接受了。既然无从改变又何必苦苦挣扎，此时的司马相如早就看开这一切。如今，他身边有挚爱的夫人相随，一直希冀的理想也早已经实现。人生已然心满意足，即便从此只是一介青衣，也可以潇洒地度过余生了。

当心中不再把绝境当作绝境，便能够赢得另外一种新生。于是收拾绫罗细软、打包竹简笔砚，带着三五仆人，携着美丽的妻子，司马相如重新向着故乡归去。已然记不清这是第几次告别长安城，只是心中暗想这次的离别或许便是最后的离别了，因为心中再没有对这座城池的憧憬和留恋。曾经背负重担，希望在这里大展拳脚，但如今洗尽铅华却发现那些过往的追求对于自己都已经微不足道了。

或许人人都曾有过如范仲淹一般"先天下之忧而忧，后天下之乐而乐"的理想抱负，但是只有受过伤痛的人才会懂得"落红不是无情物，化作春泥更护花"的决绝和无奈。此时的司马相如早已经没了年少轻狂的壮志豪情，也早已不是执着于以身许国的落魄文官，经历岁月的洗礼，司马相如只想过一种"采菊东篱下，悠然见南山"的田园闲适生活。

人总是在苦难来临之时选择逃避，钻入自我编织的象牙塔，但此时从长安决然离去的司马相如并非如此，而是选择淡然地接受。当红尘看尽，历经沧海桑田，或许只消一个回眸，便可以懂得人生终究是要归于平淡的，而属于司马相如的这份平淡生活便在那千里之外的安汉。

一路向着西南方向进发，此刻的司马相如似乎又回到了二十岁时从蜀地到长安的那一刻时光，只是起点和终点已经调换，因为心中的理想之地已经变为故乡。虽然不是所谓的衣锦还乡，即便是"解甲归田"四字用在司马相如身上也有些许牵强，但是他的归来却依然让乡里兴奋不已。

无论曾经的蜀中第一才子，还是跟蜀中父老共患难的招抚大使，这些名号都已经成为家乡父老眼中司马相如的标签，无论他身份如何变迁都不会被抹去，恰如那些曾经共同经历的岁月也一直存留在安汉百姓们的心中。都说"虎落平阳被犬欺"，患难时刻最见真情。而此时作为一个被罢官免职的待罪之人，司马相如却受到了乡亲们的热情欢迎。关于他跟妻子回乡的消息早已经在乡邻间传开，淳朴的安阳百姓再一次以热情的怀抱接纳了他们心中的骄傲，接纳了他们眼中永远的"蜀中第一才子"。

司马相如回归乡里，让整个安汉城变得热闹了起来。不仅是因为乡亲们感念司马相如夫妻曾在落难之时在这里与他们共同生活过，而是他打通西南的举措让整个蜀地变得更加繁荣，成为汉代通往西域的要塞之地。这个曾经让他们骄傲和怜惜的翩翩才子，如今俨然成为整个蜀地的恩人。于是大家争相到司马相如的住处去拜访司马相如和卓文君，而他们夫妻外出游历也必然会碰到热情好客的乡民杀鸡设酒来款待。

畅僭仙姬兮，故土重游。山河依旧兮，我已白头。田园欣荣兮，农夫含笑。皇恩浩荡兮，民无忧愁……

面对热情的乡亲父老，司马相如内心感激不已，不禁提笔作赋一篇，感怀这欣欣向荣的乡间新气象，同时也发出"山河依旧兮，我已白头"的慨叹。一首《故乡赋》如今早已在年月的流转中残缺不全，但是留下的这寥寥数语却能够看出司马相如对于故土那深厚的情感和对自身命运的感慨。

当轰轰烈烈的青春永不再来，曾经的意气风发已变成今日的白发苍苍、岁月蹉跎，或许这种心怀感恩、干净纯粹的心态才是人生最好的姿态吧。苍老和新生同样可以让心灵澄澈见底，只是后者是未经世事的一尘不染，而后者是看破红尘的淡然沉静。王国维说："人生分三种境界：看山是山，看水是水；看山不是山，看水不是水；看山还是山，看水还是水。"年近半百，早已走过了大半个人生，此时的司马相如显然已达第三种境界。

与卓文君行走于田间巷陌，看着在稻田中辛苦耕作的乡亲父老，偶尔在远处瞥见他们到来，便热情地跟他们打招呼，送上当季的水果、粗粮，这些本是极小的事情，但是却让司马相如感受到了浓浓的情谊。滴水之恩，涌泉相报。为了报答乡亲们的深情，司马相如将自己曾经在安汉置办的田地分给贫苦人家耕种，而且经常派米派粮，接济生活窘迫的乡邻。曾经挥金如土，是因为身为才子的浪漫洒脱，而如今的乐善好施却是读懂人生之后的一种怜悯之心。细水长流的生活虽然平淡却依然可以过得有滋有味。在这小小的安汉城，司马相如似乎已经彻底放下了曾经的辉煌，甘心做这小城一个跟夫人携手一生的平凡之人。

但是不白之冤终有一天能够沉冤得雪，虽然远在安汉，但是司马相如并没有被朝廷彻底遗忘。当时的大将军卫青在得知司马相如被贬官之后非常地气愤，因为他坚信清高如司马相如定然不会为了蝇头小利接受贿赂。于是慷慨陈词，力劝汉武帝为司马相如翻案，而汉武帝对于司马相如亦有不舍，于是下令重新彻查司马相如受贿一事。身正不怕影子斜，最终司马相如被证明是被人诬告，再次被朝廷召回。

宦海沉浮，三进三出，司马相如的仕途人生可谓命途多舛。但是重新入仕，司马相如早已经没有了往日的壮志雄心。早已将自己置身这红尘之外，又怎愿去沾惹尘世的浮华。当心已经静如止水，便无论在何时何地都难再掀起波澜。

第六辑
Chapter · 06

曲终人散 唯你生死相依

风烛残年、油尽灯枯，每个人都将迎来人生的诀别时刻，即便是司马相如也不例外。在这人生的最后岁月中，司马相如犹如一个迷失路途的孩子，任性地挥霍所有，却也在肆意妄为之后选择黯然回归原点。

　　生命之轨迹不过是始于起点再归于起点，如此地循环往复罢了。重新回归到云淡风轻的日子，做着悠闲的文园令，司马相如此时的内心早已经没有了对权力的欲望，只剩下肆意挥霍生命的渴望，只是在这挥霍之中却让他迷失了方向，以致为了那一个小小的茂陵女便作出抛弃妻子的荒唐决定。但过尽千帆，生命终究要回归到正确的轨道上。一句简单的"愿得一人心，白首不相离"便将司马相如拉回了原点，也成为他最后对妻子的深情告白。

　　人生若只如初见，何事西风悲画扇。只是生命从来不会倒回，只能在这轮回之中重新再出发。这一世司马相如已经走到尽头，但庆幸的是他的身边始终有人生死相依。

再回首已恍如隔世

西方一哲人说："人之一生不可能踏入同一条河流。"而司马相如纵使再次入朝为官，却已经没有了当年的心境。往事不复，只剩下平淡记忆。于是宁愿做个两耳不闻窗外事，一心只读圣贤书的闲散书生。

这一生已是千疮百孔，能够重回安汉，司马相如心中的伤口慢慢愈合，纵然没有再次去触碰的理由。而这次上京司马相如依然是只身一人，已然没有了当初的雄心抱负，长安再不是司马相如的久留安居之所，那便没有必要携文君前往了。他的家始终在遥远的西南一隅，再无改变。

一入长安，重新面见那金銮殿之上的天之骄子，司马相如再也没有往日的激动之情。这次重回长安，不过是皇命难为，对于司马相如而言并无悲喜，只是迫于天威的一种委曲求全罢了。对于朝廷为他洗脱冤屈，他的内心并不是没有感激之情，只是在感激之余，再无其他。

一路走来，司马相如似乎一直奔跑在路上，没有时间停留，更无心思去欣赏沿途景致。只是当被罢官之后，人生真正获得安宁之时，才发现这一路自己已经错过了太多太多。原来执念有时候并不是长处，而是累人的枷锁。一直以来追求的功名利禄，到头来不过是一场幻梦。如果从未驻足享受这过程中的鸟语花香，即便死后流芳百世又有何意义呢？人生若不能过好当下，又拿什么去希冀未来？

这是回归故乡之后司马相如的心得，更是他历尽千帆之后的淡泊。而此番进京，他心中早就已经做好了辞官归乡的打算，并不愿再接受仕途的束缚。

人本就善变，当昔日珍爱之物在心中再无意义，即便它依旧价值连城，但在心中也已成为随手可弃之物，就如同曾经的珍馐美食，在味蕾麻木之后吃起来也只能味同嚼蜡。岁月让司马相如变得淡然，也让司马相如失去了继续奔跑的力气。此时年近半百的司马相如早已经是疾病缠身，根本无力去理会朝廷之事，心中完全没有继续为官的欲望。疲于奔命的人生早就应该画上一个句号，而此时司马相如只感念时光匆匆，自己终究觉悟得太晚。

或许汉武帝在司马相如请辞之时也看出了他的心灰意冷，但是却不愿意放弃一个如此有才的文人，希望他能够继续研习赋作，写出传世佳作，于是便只给他安排了一个文园令的闲职。而司马相如也乐得自在。安心地在这文园之中过起了悠闲自得的生活。除了偶尔被汉武帝传召入宫写作辞赋，司马相如的生活完全由自己支配，倒也过得惬意万分。

文园令跟郎官同级，是在汉吏中相对较低的官职。不同的是当年司马相如当郎官守卫的是城门，而如今担任文园令守卫的是王室之人。孝文园乃是汉文帝的陵墓所在地。帝王之墓历来是选在山明水秀、风水上佳之地，而位于霸陵的孝文园便是如此。

无论是身处繁华的长安城抑或这渺无人烟的帝陵所在地，对于司马相如而言已无区别。而恰如汉武帝所愿，在这孝文园中，司马相如终日研读诗书、潜心写作辞赋，过得云淡风轻。只是孤身一人总是寂寞的，而此时跟妻子的鸿雁相传便成为司马相如枯燥的文园令生涯中的一大慰藉。但即便未能辞官回乡，在这千里之外当起了守卫陵墓的小小官吏，司马相如却从未想过将卓文君接到此处团聚。

如果说安汉的田园生活是心中所向的理想归宿，那如今在这霸陵独居的日子则更像是一场修行，断然没有让妻子来一同受苦的必要。早已经看尽了人世间的繁华盛世，独居在此的日子倒也算得上清闲恬静。但时不时依然会被武帝召见进宫，也时不时有京城的显贵来此拜访，算是为平淡的生活增添了些许调味剂。

生活若能彻底与世隔绝或许司马相如的辞赋人生也便到此终结了。毕竟唯有接触纷繁世界才可作出精彩的辞赋。文章从来都是真实生活的升华，而庆幸的是虽然在这鲜有人气的陵园之中，司马相如却并未被外界遗忘。一日，司马相如正在府中给千里之外的妻子写信，却听到仆人来报："长公主驾到！"司马相如先是一惊，便立即出门迎接。

本已经远离官场，如今只是一个小小的文园令，却让长公主屈尊前来拜访，司马相如百思不得其解。待到长公主说明来意，他也便恍然大悟了。原来长公主此番前来，是为了拜托司马相如为陈皇后作赋一首，以此向汉武帝表明心迹。

虽然早已经远离朝廷，但是对于陈皇后司马相如却是熟悉的。当年汉武帝刘彻年少之时，经常与姑母长公主家的女儿陈阿娇一起玩耍，在当时也算得上是青梅竹马。望着侄儿和女儿两小无猜、情投意合的样子，长公主曾经揶揄道："彻儿长大后要娶妻吗？我把阿娇许给你做妻子如何？"而年幼的刘彻便道："若今生能取得阿娇为妻，我一定会修一座金屋将她藏起来。"这段"金屋藏娇"的爱情佳话一直为后世人所称赞。

而之后刘彻也在长公主的支持之下顺利当上太子，兑现了迎娶阿娇的承诺。待到刘彻正式登基成为汉武帝之后，便将阿娇册封为皇后了。这本是一段童话般的爱情故事，但是却怎奈爱情终究无法永恒，更何况是后宫佳丽三千的帝王之家。婚后的陈皇后并未为汉武帝生下子嗣，夫妻间的感情也便渐渐淡了。而此时卫子夫在后宫中得到武帝专宠，又在入宫一年之后便诞下皇子，地位可谓扶摇直上。皇宫内院本就纷乱不断、时常有钩心斗角，而一人专宠必定会遭人忌恨。因为卫子夫的专宠，陈皇后备受冷落，不禁妒火中烧，经常在宫中又哭又闹，而且暗地里多次使诈要置卫子夫于死地。

身为皇后本应母仪天下、恪守皇室之礼，但是自幼深得长公主宠爱的陈皇后显然没有这般度量，妒火已经摧毁了她曾经的端庄和美丽，只剩下那颗毒若蛇蝎的心。为了能够重新获得汉武帝的青睐，她请来巫女作法，希望让卫子夫死于巫术之中。怎奈事情最终败露，汉武帝龙颜大怒，将陈皇后打入了冷宫长门宫之中。昔日的青梅竹马情意不再，曾经那座为陈阿娇所建的金殿再也不属于她。一入宫门深似海，这是身为皇帝的女人的悲哀，但是陈阿娇心中依然心存希望，想通过辞赋来唤起汉武帝对于昔日恩爱情意的记忆，重新得到他的宠爱。于是便请母亲长公主携千两黄金，来司马相如府上求一篇扭转命运的辞赋。

对于这当朝天子的爱情故事，司马相如早有耳闻，如今再听长公主对于陈皇后境遇的一番解说，更是让司马相如心中感慨万千。或许是有些许的推己及人，同样经历了山盟海誓，如今却与妻子分隔两地，司马相如对于陈皇后的心情有一些感同身受，于是便提笔流畅地写下：

夫何一佳人兮，步逍遥以自虞。魂逾佚而不反兮，形枯槁而独居。言我朝往而暮来兮，饮食乐而忘人。心慊移而不省故兮，交得意而相亲。

伊予志之慢愚兮，怀贞悫之欢心。愿赐问而自进兮，得尚君之玉音。奉虚言而望诚兮，期城南之离宫。修薄具而自设兮，君曾不肯乎幸临。廓独潜而专精兮，天漂漂而疾风。登兰台而遥望兮，神怳怳而外淫。浮云郁而四塞兮，天窈窈而昼阴。雷殷殷而响起兮，声象君之车音。飘风回而起闺兮，举帷幄之襜襜。桂树交而相纷兮，芳酷烈之闿闿。孔雀集而相存兮，玄猿啸而长吟。翡翠胁翼而来萃兮，鸾凤翔而北南。

……

忽寝寐而梦想兮，魄若君之在旁。惕寤觉而无见兮，魂迂迂若有亡。众鸡鸣而愁予兮，起视月之精光。观众星之行列兮，毕昴出于东方。望中庭之蔼蔼兮，若季秋之降霜。夜曼曼其若岁兮，怀郁郁其不可再更。澹偃蹇而待曙兮，荒亭亭而复明。妾人窃自悲兮，究年岁而不敢忘。

一首《长门赋》，六百余字却道尽了陈阿娇对于武帝的相思之情，更是将她在这长门宫内形容枯槁的凄凉形象刻画得淋漓尽致，一句"形枯槁而独居"将陈阿娇面无血色、纤弱单薄的身姿展现在世人眼前，让人读罢不禁心生怜惜之情。而最后一句"妾人窃自悲兮，究年岁而不敢忘"更是将陈阿娇痴情却又悲切的心情刻画得荡气回肠。一首《长门赋》成为陈皇后对汉武帝最深情的爱情独白，也成为司马相如辞赋中流传千古的经典之作。

当这篇《长门赋》呈现在汉武帝的眼前，一字一句勾起他对年少之时跟阿娇两小无猜情意的甜蜜回忆，不禁悲从中来。虽然对阿娇的所为依然存有不满，却又想起她在冷宫之中凄冷孤苦的日子，决定原谅她。

在司马相如文园令的生涯中，这篇《长门赋》或许便是最温暖的存在。一首辞赋改变了一个女人的命运，也让司马相如不禁反思爱情的真谛。但成全了别人，却无法圆满自己。身处霸陵，守着这一方皇陵，他始终是孤苦一人。远方那抹魂牵梦萦的身影始终遥不可及。

人生无常，浪漫在现实中瓦解

　　红尘之中，千万人之间，只消一眼便知一生。这样的相逢自是被人所称道的。毕竟大千世界相遇已是缘，若能相知相守更是人生一大乐事。只是一时的相守容易，一世的相随却很难。爱情并非不能长久，但是却极容易在尘世的荡涤中改了初心、变了味道。

　　生于这世间，人人都是凡尘俗子，百转千回终逃不过一个"情"字。只是即便曾经海誓山盟，却依然无法逃脱分离的命运。世间男女多如此，爱情总是始于美好却终于平淡。若无法挨过这平淡的考验，便会无可奈何地走向分崩离析。即便是曾经鹣鲽情深、情深意切的司马相如和卓文君亦是如此。

离开蜀地之后，司马相如便跟卓文君分隔两地。此时的司马相如孤身一人当着一个文园令的小官，心中的孤寂却无人诉说。人在脆弱之时总是想要找个依托，希望能够寻得几分心灵的慰藉，而此时的卓文君远在安汉，并不能给予司马相如什么。虽然频有信件相寄却难解心中的苦闷之情。

曾经沧海桑田，如今却成了一场海市蜃楼。身为文人，司马相如骨子里是多情的。若非如此，他也不会仅仅因为一段琴音便大胆表白于卓文君，继而共谱那段凤求凰的佳话了。而如今夫妻二人历经沧桑，本应更加相濡以沫。但是怎奈司马相如心中的不安定因子蠢蠢欲动，终究还是难逃背叛的命运。

身在霸陵的司马相如，因为文园令的工作闲适无聊，几乎除了日常习字写赋之外便再无其他事情。百无聊赖的司马相如因此便经常流连于烟花之地，以此来慰藉自己寂寞孤独的心。但是逢场作戏虽然无伤大雅，却怎奈多情若司马相如，终究还是用了真情。他邂逅了一位茂陵女子，自此天雷勾动地火，一发不可收拾，最后竟然起了要纳之为妾的念头。

一边是俏丽佳人，一边是共患难的结发妻子，一时间让司马相如迷失了方向。或许是因为生活太过平淡，隐藏在内心的不安定因子在疯狂叫嚣，才令司马相如这般意乱情迷。抑或者是因为红颜易老，往日对于卓文君的情早已经淡却，于是便坦然地接受了新的爱情。

　　观之古往今来的爱情故事，或许从来就不存在所谓的天长地久和亘古不变：汉武帝曾金屋藏娇却最终还是将阿娇打入了长门宫；牛郎织女两情相悦却始终阻隔在鹊桥两端；梁山伯与祝英台生死相依却依然抵不过交错的命运……世间情爱总是在美好的憧憬中开始，继而在冰冷的现实中被撞得支离破碎。曾经携手夜奔，甘愿冒天下之大不韪，彼时的司马相如或许真的爱极了卓文君，但是在此时此刻，司马相如已然沉浸在温柔乡之中，再也记不起往日的山盟海誓。

　　郎心不复，远在安汉的卓文君却浑然不知。这份爱情让她曾经饱受世人的诟病，甚至被家人所遗弃。但是她依然义无反顾。现在独自生活在这小小的安汉城内，司马相如的爱情便是她全部的支撑。这座小城里有他们共同的回忆、有那些善良淳朴的村民，这里不仅仅是她丈夫的故乡，更是他们日后携手共谱夕阳红的休憩之地。只是人心难测，痴情若卓文君，始终不知道此时丈夫的心已经飞往了别处。

　　而她独留在此，经常到田间地头跟乡亲们一起干农活、在家中跟邻近的妇女一起织布做衣。一针一线里都是她对丈夫的情意，在这针线之间她总是会想起司马相如的模样，想着他收到新衣之时的笑容和穿上这身衣服之时的飒爽英姿。曾经是蜀中巨富的千金，纤纤玉指只是用来抚琴拨弦，但如今却心甘情愿地做一个为了丈夫而忙碌奔波的平凡妇人。这是生活的历练，也是爱情的力量。但此中的深情，司马相如却早已经视而不见，数十载的夫妻情分终究被平淡的生活冲蚀而去。

　　当爱情已成往事，最可悲的不是不再相爱，而是爱人已经走远，另一人却依然停留在原地。这样的坚守让人心疼，也让人怜爱。但卓文君此时却浑然不知，如若不是那一纸家书传来，她依然会活在自己编织的爱情美梦之中。

跟丈夫分隔两地的卓文君，对于丈夫的来信总是充满期待，而这次拿到的信笺却让她的心彻底凉透。司马相如为了能够迎娶那茂陵女子，便寄信卓文君，将自己的近况和打算委婉道出，言辞之中还有想要休妻的念头。虽然言辞婉转隐晦，但是聪明如卓文君，又岂能不知丈夫的心事。

劳燕分飞本是寻常之事，但是发生在司马相如和卓文君身上还是让人无限唏嘘。不知要道司马相如多情还是无情，这样决然地抛弃糟糠之妻确实让人心寒。在那个年代三妻四妾并无不妥，但司马相如却因为一段新的感情要结束曾经的感情。后有文人批判司马相如是寡情好色之徒，但是也有人赞他专情。每个人心中的标杆不同，孰是孰非由不得我们妄下定论。这段爱情中的是非因果，在外人眼中不过是一场戏，但是于卓文君而言却是她人生中的真实遭遇。

若是平常女子遇到这样的情况，或许早已经哭天抢地、寻死觅活了。这世间还有什么比自己人生的精神支撑轰然倒塌更悲惨的事呢？妻以夫为天，此时的卓文君整个天都要塌了，但是她却显得异常平静。读罢司马相如的来信，卓文君提笔在竹简上写下一首《白头吟》：

皑如山上雪，皎若云间月。闻君有两意，故来相决绝。

今日斗酒会，明旦沟水头。蹀躞御沟上，沟水东西流。

凄凄复凄凄，嫁娶不须啼，愿得一心人，白首不相离。

竹竿何袅袅，鱼尾何簁簁，男儿重意气，何用钱刀为？

骄傲若卓文君，即便被爱人背叛也依然不会选择委曲求全。这世上有一种女人，总是在遭遇不幸之时怨天尤人，仿似全世界都亏欠于她，于是不断抱怨、不断哭诉，将爱人对她的最后一丝愧疚和怜悯也消耗殆尽，从而成为真正的弃妇。陈皇后阿娇便是如此。但是这般的苦苦相逼不过让自己显得更加可悲罢了。卓文君显然不会选择如此，她永远属于另外一种：虽然已经被背叛，却依然能够姿态优雅、不失风姿，让那遗弃之人无地自容，在愧疚中更加意识到她的难能可贵。

"皑如山上雪，皎若云间月。闻君有两意，故来相决绝。"在卓文君的心中爱情如白雪般圣洁纯净，容不得半丝半缕的污秽。如若这份爱情已经掺染杂质，那么她不要也罢。这是她对爱情的决绝和坚守，她宁愿失去司马相如也不需要一分为二的情感。而最后一句"男儿重意气，何用钱刀为"仿佛依然是卓文君式的温婉语调，听起来柔和细软，并无苛责之意，却足以令人羞愧难当。身为男人必定要重情重义，这是金钱都无法买到的可贵，不是吗？简单一句问句实际上已然为司马相如下了判决，温柔细语却道出了"薄情寡义"的四字无声谴责。

一首《白头吟》，其中有卓文君的决然和悲痛，但是也有她的隐忍和深情。"愿得一人心，白首不相离。"这是卓文君给予司马相如最后的宽容和机会，也是她悲痛之中最情真意切的告别。

如果卓文君彼时只是寄给了司马相如这一首《白头吟》，或许司马相如尚且不能感受到她的决绝，但是卓文君写下《白头吟》之后，心中愤愤难平，于是便流泪附书，与曾经挚爱的司马相如做最后的离别：

春华竞芳，五色凌素，琴尚在御，而新声代故！
锦水有鸳，汉宫有木，彼物而新，嗟世之人兮，瞀于淫而不悟！
朱弦断，明镜缺，朝露晞，芳时歇，白头吟，伤离别，努力加餐勿念妾，锦水汤汤，与君长诀！

弦断难再接，破镜难再圆，当爱人背叛，卓文君已然心死。但是她不抱怨、不咒骂，只是淡淡地说道：请你珍重勿念，我愿起誓此生与你诀别！这样的话语终究让司马相如慌了心神，一时的意乱情迷也被彻底浇醒。那些尘封的往事不断涌上心头：曾经在帘幕之下那个魂牵梦萦的身影，在那深夜的长亭下不顾一切向自己奔来的佳人，还有小酒馆中的相依取暖，安汉城内的相濡以沫，长安的别后重逢……

待到失去才觉珍贵，虽然岁月让佳人失去了曾经的姣好容貌，年少时的激情和冲动也已不复存在，但是那些曾经共同走过的路、那些携手跨过的难关和细水长流的平淡人生已经成为生命中无法割舍的一部分，偶有忘却但从未遗弃。而所谓的新的爱情、新的两情相悦，跟那些曾经相比便显得幼稚可笑。人生只能二选一，司马相如才真正了解卓文君在他心中的位置。这段跟茂陵女子的情缘只能是昙花一现，而这曾经扰乱他心神的俏丽佳人也不过是人生的过客。他这一生的归宿注定是在远方等待他的妻子。

　　于是司马相如打消了纳妾的念头，与茂陵女子彻底断了联系，并写信求得卓文君的原谅。现实冰冷却终究因为卓文君的痴情变得温暖，一句"愿得一人心，白首不相离"足以抵过千言万语。

百转千回，你依稀梦中相逢

　　人生百转千回，但是却始终逃不过宿命的追寻。兜兜转转这一生，司马相如始终不甘于平凡，却最终不得不归于平淡的生活。月有阴晴圆缺，人有悲欢离合，这世上又有谁人能真正圆满呢？

　　当卓文君的一封信传来，司马相如不禁开始回望反思自己独居在霸陵的这段岁月。心中对家中妻子的愧疚又多了几分。外面世界纵然是五彩缤纷，充满了诱惑和刺激，但是这些短暂的欢乐又怎能支配起漫长的一生呢？日子终究要细水长流，正如我们每日必须面对的饭桌，那些名目不一、风味不同的菜品可以时时更换，但是手中的那碗白米饭却永远不变。生活永远在生存以上，但是生存却是先决条件。就我们穷其一生拼命追寻的爱情而言，或许家中的糟糠之妻便是这爱情世界中的白米饭，而外面的莺莺燕燕不过是随时可换的配菜罢了。当两者只能取其一之时，温饱远比享乐来得重要。

一场纳妾风波让司马相如彻底明白了这样的道理。人若未被逼到绝境，便永远不知道自己需要的是什么。当娇妻一直在背后默默陪伴之时，就好像终日呼吸的空气一般，从未感受它的存在，但是一旦失去便会窒息而死，在决裂中才知道不可或缺。

当厘清心中的千头万绪，司马相如似乎重新回到了跟卓文君新婚之时，每当夜深人静，独自站立在窗前，妻子的身影便恍惚出现在眼前，内心的思念便又增添了几分。在这场背叛与挽救的爱情博弈中，卓文君无疑是胜者。而司马相如似乎也在妻子的两首短诗中幡然醒悟，进而才在长公主登门拜访之时，可以感同身受地写出陈皇后的心情。或许在写作《长门赋》的那一刻，司马相如的心中也浮现出了卓文君的样子。如果说陈皇后被打入冷宫尚且有些作茧自缚，但是却依然值得原谅，那么一心守候丈夫、心地善良的卓文君又何错之有呢？

每当望着西南，向着家乡的方向眺望，虽然什么都无法望见，却让司马相如更加思念在远方的卓文君了，而这思念与日俱增的同时愧疚也不断增加。

愧疚又焦躁的心绪让司马相如疲惫不堪，而身处霸陵不能与夫人相见更是让他相思成疾。司马相如的身体每况愈下，而他也早已经意识到自己已是风烛残年。生命的初始无人能够预知，但是那最终的岁月却可以感应。身体不断抱恙，似乎在向司马相如发出一个信号：解甲归田的日子到了。疲惫一生，此时应该是他安享晚年的时候了。

曾经重上京城，因了汉武帝的期待他甘心在这霸陵做一个看守墓地的小吏，而如今担任文园令已有数载的光阴，对于汉武帝亦已算是有了交代，于是便称病辞官，希望能够与妻子相聚。托病辞官对于司马相如而言早已经是轻车熟路，然而不同的是当年跟汉景帝辞官是想要另谋高就，而如今却是身体被消渴症所困，早已经无心仕途。

虚情或是假意、真实或者谎言，只要愿意用心总能找到背后的本质。只是当年汉景帝无心去多想，而今司马相如在汉武帝面前的两次辞官，他都看懂了，但是却一次是不舍一次是痛心放手。

这一次辞官司马相如已经看透了官场，更看透了人生。而汉武帝对于司马相如的请求也并未如过去一般推脱挽留。因为他知道司马相如心意已决，再多的挽留都是徒劳。君臣之间，虽然历来是从属关系，但是却并非毫无真情。与司马相如相交数十载，汉武帝虽然不似梁王一般尊崇司马相如，但也算是知己之人。而司马相如这次辞官眼中的决然，汉武帝尽收眼底，于是不得不放手。强留一个无心之人在身边已然毫无意义，那么不如洒脱一点，成全司马相如。

但辞官毕竟不是小事，因了这么多年汉武帝的赏识，司马相如岂能仅仅一句话便将一切都抛弃。任何事情都需有始有终，司马相如与武帝结缘，始于辞赋也必将终于辞赋。

此时正值汉武帝沉迷于仙道，热衷于长生不老之道，而司马相如以此为契机，洋洋洒洒写下一篇《大人赋》，以此来形容仙道的虚幻华丽。这首辞赋是为官期间最后一篇辞赋，里面有他对天子和大汉王朝的关心和希望。但只可惜，世人只看到《大人赋》中司马相如对于天子和仙道的溢美之词，却未参透司马相如这词句背后的良苦用心。

其实，综观司马相如的一生，他的作品从未有尖锐苛刻的言辞，而是在瑰丽浮华的辞藻之下委婉陈述、婉转劝说。但文章之事，千万人读完有千万种想法，这是身为写作者无可避免的命运，也是无法言喻的悲哀。如若说司马相如在辞官之前还留有遗憾，或许便是这篇辞赋。

当司马相如带着《大人赋》入宫，希望在临别之前让汉武帝能够通过这辞赋得到一些启发，从而从对仙道的痴迷中解脱出来。但是事与愿违，这位曾经的知己看懂了司马相如心中的诀别之意，却未读懂司马相如辞赋中的良苦用心。当司马相如向武帝表达，自己已经在茂陵置好府邸，准备与夫人卓文君在此安度晚年之时。汉武帝虽然心有不舍，但是却也知道司马相如早已经无心为官，便答道："爱卿若安居茂陵，与京城相邻，以后还有见面的机会，如此甚好！"

人生从无十全十美，总是在圆满中留有一些小遗憾。但这遗憾对于司马相如而言却成了他心中的一道过不去的坎儿。辞官得到汉武帝许可的司马相如，趁势向汉武帝献上《大人赋》，希望以此劝谏。但可惜的是此时的汉武帝早已经对仙道着了魔，一字一句读着《大人赋》，却未能参透其中的劝解之意，而是只看到了文中对于仙境之景的美轮美奂的描述。

呜呼哀哉，写文之人想要讽一个虚无缥缈，但读文之人却只看到了其中的浮华盛世并沉迷其中不可自拔。面对着对于《大人赋》中仙境之景心驰神往的汉武帝，司马相如心中有千言万语，却最后话到嘴边还是忍住了。望着曾经心中的英明圣主，此时却在自己架构的长生不老的幻梦中不可自拔，司马相如心痛不已但是却又无能为力。

已然决定避开这尘世的纷争，司马相如最终还是选择了明哲保身。看尽这人世间的沧桑变化，司马相如才明白自己也不过凡人一个。曾经的自命不凡或者意气风发都是年少的轻狂和自傲，早已经在年岁的增长中消耗殆尽。为人臣者，尽人事听天命或许才是最好的选择。身为这大汉朝的官员，对于天子的劝解早已经在《大人赋》中一一道出，但既然武帝不懂，那也就罢了。

生活便是如此，它从不会因为我们的意志而改变分毫，而是不断地遭遇挑战、不断遭遇磨难。正如那些长年累月不断摩擦出的伤痕，总是在不断愈合又不断出现，周而复始，让我们不忘记疼痛却又能收获幸福。辞官之路虽然有波折，但最终也算是顺利离去了，而至于那些不能改变的浪潮、无法推翻的世俗洪流，那就让它顺其自然地发展吧。

相濡以沫，不如相忘于江湖。或许这便是对司马相如仕途人生的最好诠释。

辞官之后的司马相如之所以没有选择回安汉定居，而是选择了靠近长安城的茂陵，并不是留恋这皇城脚下的繁华，而是无奈之举。此时他深受消渴症所困，再没有长途跋涉的力气，于是便只能选择这个皇城旁边的城。虽然只是一个不大的小城，但是茂陵却是风水极佳、人杰地灵的宝地。又因为此地靠近京城，周边商贸兴盛，有许多富商大户居住于此。

富贵浮华不过过眼云烟。司马相如这一生曾经挥金如土，也曾落魄流离。但在最终的最终，这一切都成为生命中难以忘怀的记忆，也成为不可追回的往昔。从长安城搬到茂陵，司马相如对于这一切早已经看淡，但是心中却无法放下远在安汉的妻子卓文君。曾经的荒唐和背叛，让司马相如悔恨不已，而此时自己已经是风烛残年，身体一日不如一日，对妻子的思念便越发地强烈了起来。

患难之时方见真情。虽然曾经完美无瑕的爱情已经出现了污迹，但是卓文君最后还是选择原谅这个她用生命去热爱的丈夫。当司马相如在茂陵安顿好之后，卓文君也从安汉来到了茂陵。

风平浪静的人生难求，一帆风顺的爱情更是难上加难。但历经波折却依然相守相伴比毫无波澜的爱情更加可贵。醉过方知酒浓，爱过方知情重。这一世颠簸，司马相如却在晚年依然能够换得卓文君生死相依，也算是为这段爱情收获了圆满。

"茂陵多病后，尚爱卓文君。"司马相如观遍红尘中的万紫千红，方发现唯有卓文君才是归宿。正如这一世历经官场沉浮，才知晓平淡的人生才是终点。"归凤求皇意，寥寥不复闻。"这世上再不会有一段爱情如同司马相如和卓文君一般百转千回、荡气回肠，而此生于司马相如，也只有卓文君能够始终魂梦相牵。

尘埃落定，岁月始终静好

　　雁过留声，人过留名。人生在世最幸福的莫过于生于期待，死后存忆。这一世，司马相如在整个家族的期待中诞生，也在身后让自己留名千古，已然算是此生无憾。

　　生命本无特定的意义，正如花开花谢、叶落归根，这些都是再自然不过的现象，但是却在人的目光中被衍生出宿命轮回的意义。人生亦是如此，存在于世的意义并不是与生俱来，而是自身在这人生的漫漫长路上不断找寻的。就司马相如而言，他的人生无论历经了多少磨难、走过了多少艰难险阻，但始终离不开辞赋，终究逃不过一个"情"字。

　　从风雨飘摇的仕途中缓步走下，在这繁华小城的一角为自己安一个窝，这般闲适自得的生活便是司马相如心之所向。人生寥寥数十载，最幸福之事也不过是最简单的，想要抓住的越少，人生也便越满足。司马相如的晚年生活便是如此。

　　茂陵的司马府，虽然依然可见富足人家的景象，但却没有太多的繁华装饰，更没有昔日司马相如在长安的歌舞升平。这里除了司马相如和卓文君，只有少数几个家仆。对于司马夫妻而言，这样安宁的生活才是他们心中的希冀，曾经的富贵浮华早就是前尘往事。而每日天刚蒙蒙亮，偶尔还能听到院落中鸡鸣的声音，司马相如便已经起身，在书房中开始研习书法。

　　安逸的生活让人的心都变得安静了，但是这波澜不惊的内心却再难有写作的灵感。安逸可以净化人的内心，却很难催生出好的作品。但是这样的生活并不能让司马相如放弃对辞赋的喜爱。生活的意义需要自己去找寻，辞赋的灵感亦如是。纵使在茂陵的生活无物可写，但这大千世界即便未能一一亲身经历，但听到的、看到的都是写作的素材和灵感。

　　当人生进入垂暮之年，往事的回忆便是此生最好的财富。这世上每一个老者身上都有一些不为人知或者让人深思的故事，只是有的人将故事娓娓道来，有的人将这些故事带入尘土。晚年的司马相如亦是这千千万万慈祥老者中的一个，而且是慷慨善谈的老者。他把自己这些年对于大汉王朝、对于天子的感情和希冀都放在了自己的笔下，在竹简上一字一句工整地写下。辞赋人生，这一生都与辞赋为伴，而人生最后的财富也由辞赋呈现了出来。只见那一日，司马相如奋笔疾书，竹简之上一篇慷慨激昂的《封禅书》便随着笔尖流淌出来。这是他这一生身为臣子和子民对于汉武帝奉献的最后的赞美，也是最后的劝谏。

只是提笔之日或许司马相如从来没有想到这便是他的诀别书。但命运终究待司马相如不薄。有些人终其一生也未能淋漓尽致地表达自己的所思所想，而司马相如却在这因缘际会之下完成了人生最后的独白。

风萧萧兮易水寒，壮士一去兮不复还。那一日的茂陵城格外寒冷，好像在预示着什么的到来，而司马相如府上的一声悲凉的哭声让这个安静的冬日显得尤为凄凉。司马相如离开了人世，一代文豪就此离开人世，而大汉王朝再没有一个人可以如司马相如写出那般瑰丽壮阔、荡气回肠的辞赋。

仿似是人生中最普通的一场离别，正如司马相如千万次的挥别一般，但这一次却再也没有相逢的机会。其实早在辞官的那一刻，司马相如便早已经为这场诀别做好了准备。他的人生即便潦倒之时也从未让自己变得落魄不堪，因此即便要离开，也不愿意选在狼狈不堪的时刻。因此在受到消渴症困扰之时，司马相如便毅然决然地选择了辞官。

有人说："生命从婴儿的第一声啼哭开始，在亲人的哭泣中结束。"这般有人惦念的人生才称得上圆满。而司马相如无疑获得了人生的圆满。在风烛残年之际，在茂陵的最后时光里，他都有卓文君不离不弃的相伴，但是最终斯人已逝却徒留活着的人独自伤悲。在司马相如最后的时光里，他握着卓文君的手，那些曾经一起走过的日子一一浮现眼前。面前的娇妻早已不是旧时那娇羞清丽的模样，岁月的痕迹无情地在佳人的脸上留下了印记，而司马相如也再无法回到当年那白衣胜雪、剑指天涯的潇洒模样。回不去的终究只能成为回忆，而此时知道自己已经油尽灯枯，只能握着妻子的手，颤抖地为她拭去脸上的泪痕，道一句："愿得一人心，白首不相离。"

这一句曾经是卓文君最深情的告白，如今却成了司马相如对卓文君最后的诀别之词。曾经沧海难为水，除却巫山不是云。这一世能够执手相伴，对于司马相如与卓文君而言已经是人生的最大幸运。一场轰轰烈烈的爱情并没有什么稀奇，但是却在热情燃尽之时终换得一生的携手相伴，这才是真正的"执子之手，与子偕老"。

魂归故土，是每一个游人的心愿。而知相如者莫若文君也，又怎能不知道丈夫的心思。

花楸木棺椁盛殓着相如遗体，缓缓由茂陵出发，文君扶灵归蜀。武帝派遣的百名汉卒组成仪仗队，身着孝服，打着经幡。这一路哭声震天，哀乐长鸣，让所到之处无不为这一代才子的陨落而伤悲。天灰灰路悠远，山河悲怆、杜鹃哀鸣。当送葬的队伍到了蜀郡，一如每一次司马相如的回乡，蜀地数十万的父老乡亲早已经等候在城门前，来送他们的才子最后一程。送殡的队伍变得越来越长，一时间悲凉的哭声响彻巴山蜀水，成为这一代文豪生命最后的哀鸣。

司马相如的灵柩最终安葬在了蜀郡的司马府上，接连几日，司马府上前来吊唁的人络绎不绝，蜀地仰慕司马相如的父老乡亲都争着来送司马相如最后一程。无论是曾经的衣锦还乡还是谪居至此，抑或此时魂归故里，这故乡的人们都对司马相如始终如一，从来不吝啬他们对司马相如的钦佩和爱戴。

虽然是寒冬，但这南国蜀地却从未如此时一般寒冷，甚至下起了多年不遇的大雪。雪花飞扬，让人不禁想起司马相如曾经最爱的那身洁白的衣裳，而如今整个天地都变得洁白纯净了。

下葬之日，武帝亲撰的高达五丈的"汉中郎将司马相如之墓"的墓碑亦运抵蜀郡，来为这才子送最后一程。山冈之上，司马相如长眠于此；山冈之下，岷江水缓缓流淌，那激荡的水声伴着万人的悲哭，仿佛在演奏一曲哀婉凄清的琴曲，来为司马相如的人生做最后一次演奏。

望着司马相如的坟冢，卓文君手握写好的《司马相如诔》，声泪俱下地诉说着自己对丈夫的情意：

嗟嗟夫子兮，禀通儒。

少好学兮，综群书。

纵横剑伎兮，英敏有誉。

尚慕往哲兮，更名相如。

落魄远游兮，赋子虚。

毕尔壮志兮，驷马高车。

忆昔初好兮，雍容孔都。

怜才仰德兮，琴心两娱。

永托为妃兮，不耻当炉。

生平浅促兮，命也难扶。

长夜思君兮，形单影孤。

上中庭兮，霜草枯。

雁鸣哀哀兮，吾将安如。

仰天太息兮，抑郁不舒。

诉此凄恻兮，畴忍听予。

泉穴可从兮，愿殒其躯。

伴着这凄婉动人的声音，司马相如的人生就这样重新展现在众人面前，原本悲鸣的哭声更加响彻天地，在这群山峻岭之间不断回荡，久久不绝于耳。而卓文君在读完最后一句之后彻底失去了力气。丧夫之痛，痛入骨髓，让卓文君耗尽了全部的心力。而此时寒风吹彻，让积雪再次飘舞，在这银装素裹的山间飞荡出最哀怨的舞。

这世上从此再没有司马相如，但是属于他的故事却并未结束。那些过往的记忆存留在人们心间，更存留在这历史的长河中永不褪色。

多年以后，远在长安的汉武帝想起这位曾经的才子，不禁感慨不已。于是命人收集司马相如生前所作辞赋，并在此机缘下看到了司马相如的那篇《封禅书》。这是司马相如历经沧桑之后的传世之作，也是他跟武帝最后的诀别。但辞官之后的他却没有机会亲自将这篇赋文呈现给武帝，待到武帝派人从卓文君处拿到这篇《封禅书》，早已经是文犹在、人已矣。武帝轻抚竹简，读罢文中七十二位国君封禅泰山的壮举，回顾大汉王朝自高祖建立基业一路以来的发展兴盛，深觉司马相如建议封禅之事是符合天意之举。

当竹简缓缓收起，想起这位昔日与自己深交的才子，汉武帝不禁感慨："相如一生经历了诸多坎坷，生命已近垂危时，却不计个人恩怨得失，不顾病痛折磨，不惜一生著作任人取去，散失殆尽，而将唯一的牵挂寄托在这份必奉于朕的遗札之中，如果不是弥留之际那颗拳拳赤子之心仍有增无减，对朕之大汉朝前景充满信心和希望，何以有这样的胸怀！其'惟君国是念'的忠良情结贯穿一生耳！"

司马相如去世五年后，汉武帝开始祭祀土地神。八年后，武帝又亲率十八万大军，浩浩荡荡出长城，至朔方，一路礼祭华山、嵩山，再东行至海边，后登临泰山举行隆重的封禅盛典——封泰山，禅梁父、肃然山。

这一世夙愿已偿，只可惜司马相如再无缘亲见。在司马相如之后，有无数文人再次对封禅之事写文作赋，只是却无人能超越司马相如的《封禅书》。这世上辞赋有千万篇，却唯有司马相如的辞赋能千古流传，正如这世上纵使才子频出，却唯有一位司马相如始终在大汉朝的历史上熠熠闪光。

历史的画卷缓缓合上，司马相如的人生早已经化作一缕青烟随风而逝。但只消偶尔一次回眸便依稀可见：那曾经锦屏山下的舞剑少年，那长安城外张弓涉猎的骑士，抑或菟园之内把酒言欢的才子，与卓文君夜奔的封建斗士……

当过往的飓风呼啸而过，属于司马相如的那些故事便再次呈现在世人面前。岁月的长河缓缓流淌，带走了司马相如也带走了旧日的记忆，但是汗青之中"司马相如"四个字永远不会被磨灭，正如那些扣人心弦的瑰丽词句一直镌刻在人们的心中。

附录一　司马相如大事年表

公元前 179 年

司马相如出生于巴郡安汉县（今四川蓬安县）。

公元前 166 年

司马相如一家由安汉迁往蜀郡，继而正式入学。

约公元前 163 年

司马相如由"犬子"更名为"司马相如"，字长卿。

公元前 159 年

司马相如"以赀为郎"，赴长安任郎官一职。

公元前 155 年

得汉景帝赏识，被任命为武常骑士。

梁孝王入京，司马相如以此契机结识枚乘、庄忌、邹阳等文人墨客。

约公元前 156 年

以病辞官，奔赴梁国投奔梁孝王，成为梁孝王座上宾。

公元前 151 年

写出汉赋代表作品《子虚赋》，得梁孝王绿绮名琴，赋作在全国范围流传。

公元前 150 年

随梁孝王入京，遇狗官杨得意，赠其《子虚赋》，为日后得汉武帝赏识埋下契机。

公元前 144 年

梁王病逝，司马相如在梁国苦无依靠、穷困潦倒，继而归蜀。

公元前 144~ 前 145 年

从蜀郡到临邛，投奔儿时好友临邛县令王吉。

作《凤求凰》赢得卓文君青睐，与卓文君私奔成婚。

公元前 136 年

因《子虚赋》得汉武帝赏识，重召回京任郎官一职，并完成《上林赋》，与《子虚赋》合为《天子游猎赋》，成为汉赋史上里程碑式的代表作。

公元前 135 年

唐蒙奉旨沟通夜郎，招抚西南夷，因而征发劳役甚多，引发巴蜀百姓不满动乱。汉武帝派遣司马相如以朝廷使臣出使西南夷，作《谕巴蜀檄》，安定民心。

公元前 129 年

再次出使西南夷，修桥通路，平定西南，作《难蜀父老》，以告慰民心，得到民众支持，后成功回京。其后被人诬陷收受贿赂，免官回蜀。

公元前 127 年

得卫青等人帮助，洗刷冤屈重新入朝，复召为郎。

公元前 125 年

随汉武帝至长杨狩猎，作《谏猎疏》《哀秦二世赋》。

公元前 124~ 前 121 年

任文园令，奉命在茂陵守陵，其间作《长门赋》为陈皇后求情，得汉武帝千两黄金赏赐。其赋作开创了宫怨体的先河。

公元前 121~ 前 118 年

因病辞官，接卓文君至茂陵居住直至终老。其间作《封禅书》，劝谏汉武帝登山封禅，后其文为汉武帝采纳。死后，司马相如由卓文君护送回蜀，葬于蜀郡。为纪念司马相如，卓文君作《司马相如诔》。

附录二　司马相如名篇导读

第一部分 辞赋

　　辞赋导读：司马相如的人生注定与辞赋密不可分，作为西汉最伟大的辞赋圣手，他的辞赋辞藻华丽，极尽雕琢之能事，乃是汉赋史上不可磨灭的里程碑。鲁迅先生曾形容司马相如："文博宏丽，卓绝汉代。"而在司马相如的汉赋作品中，以《子虚赋》和《上林赋》共同组成的《天子游猎赋》将西汉辞赋铺张扬厉、波澜壮阔的特点表现得淋漓尽致；《大人赋》和《哀秦二世赋》则在委婉叙述中明褒暗抑，以辞赋言明司马相如的政治态度和谏言；《长门赋》更是有"千金难买"的美誉，成为宫怨体的先河。观其辞赋作品，这不仅是司马相如这一生跌宕起伏的人生记载，更是整个西汉王朝恢宏历史的见证和记录。"辞宗""赋圣"，名随一生，让司马相如以辞赋万古流芳。

子虚赋

楚使子虚于齐，王悉发车骑，与使者出畋。畋罢，子虚过姹乌有先生，亡是公在焉。坐定，乌有先生问曰："今日畋，乐乎？"子虚曰："乐。""获多乎？"曰："少。""然则何乐？"对曰："仆乐齐王之欲夸仆以车骑之众，而仆对以云梦之事也。"曰："可得闻乎？"子虚曰："可。王车驾千乘，选徒万乘，畋于海滨。列卒满泽，罘网弥山。掩兔辚鹿，射麋脚麟。骛于盐浦，割鲜染轮。射中获多，矜而自功。顾谓仆曰：'楚亦有平原广泽游猎之地，饶乐若此者乎？楚王之猎，孰与寡人乎？'仆下车对曰：'臣楚国之鄙人也。幸得宿卫，十有余年，时从出游，游于后园，览于有无，然犹未能遍睹也，又焉足以言其外泽者乎？'齐王曰：'虽然，略以子之所闻见而言之。'仆对曰：'唯唯。'

"臣闻楚有七泽，尝见其一，未睹其余也。臣之所见，盖特其小小耳者，名曰云梦。云梦者，方九百里，其中有山焉。其山则盘纡郁郁，隆崇律崒，岑崟参差，日月蔽亏。交错纠纷，上干青云。罢池陂陀，下属江河。其土则丹青赭垩，雌黄白坿，锡碧金银。众色炫耀，照烂龙鳞。其石则赤玉玫瑰，琳珉琨吾，瑊瓅玄厉，碝石碔砆。其东则有蕙圃：蘅兰芷若，苕葀菖蒲，江蓠蘼芜，诸柘巴苴。其南侧有平原广泽：登降陁靡，案衍坛曼，缘似大江，限以巫山；其高燥则生葳菥苞荔，薛莎青薠；其埤湿则生藏莨蒹葭，东蘠雕胡。莲藕觚卢，菴闾轩于。众物居之，不可胜图。其西则有涌泉清池：激水推移，外发芙蓉菱华，内隐巨石白沙；其中则有神色蛟鼍，玳瑁鳖鼋。其北则有阴林：其树楩柟豫章，桂椒木兰，蘗离朱杨，樝梬梨栗，橘柚芬芬；其上则有鹓鶵孔弯，腾远射干；其下则有白虎玄豹，曼蜒貙犴。

"于是乎乃使剸诸之伦，手格此兽。楚王乃驾驯交之驷，乘雕玉之舆，靡鱼段之桡旃，曳明月之珠旗，建干将之雄戟，左乌号之雕弓，右夏服之劲箭。阳子骖乘，纤阿为御，案节未舒，即陵狡兽；蹴蛩蛩，辚距虚。轶野马，辚陶验，乘遗风，射游骐。倏眒倩浰，雷动猋至，星流霆击，弓不虚发，中心决眦，洞胸达掖，绝乎心系。获若雨兽，揜草蔽地。于是楚王乃弭节徘徊，翱翔容与，览乎阴林，观壮士之暴怒，与猛兽之恐惧。微矰受诎，殚睹众物之变态。

"于是郑女曼姬，被阿緆，揄纻缟，杂纤罗，垂雾縠，襞积褰绉，郁桡溪谷。纷纷裶裶，扬袘戍削，蜚襳垂髾。扶舆猗靡，翕呷萃蔡；下靡兰蕙，上拂羽盖；错翡翠之威蕤，缪绕玉绥。眇眇忽忽，若神仙之仿佛。于是乃相与獠于蕙圃，媻姗勃窣，上乎金堤。揜翡翠，射鵕鸃，微矰出，孅缴施。弋白鹄，加驾鹅，双鸧下，玄鹤加。怠而后发，游于清池。浮文鹢，扬旌栧，张翠帷，建羽盖。罔瑇瑁，钓紫贝。摐金鼓，吹鸣籁。榜人歌，声流喝。水虫骇，波鸿沸，涌泉起，奔扬会。礧石相击，硍硍磕磕，若雷霆之声，闻乎数百里之外。将息獠者，击灵鼓，起烽燧，车按行，骑就队，乎淫淫，般乎裔裔。

"于是楚王乃登云阳之台，怕乎无为，澹乎自持，勺药之和，具而后御之。不若大王终日驰骋，曾不下舆，月割轮焠，自以为娱。臣窃观之，齐殆不如。于是齐王默然无以应仆也。"

乌有先生曰："是何言之过也！足下不远千里，来贶齐国：王悉发境内之士，而备车骑之众，与使者出畋，乃欲戮力致获，以娱左右，何名为夸哉？问楚地之有无者，愿闻大国之风烈，先生之余论也。今足下不称楚王之德厚，而盛推云梦以为高，奢言淫乐而显侈靡，窃为足下不取也。必若所言，固非楚国之美也；无而言之，是害足下之信也。彰君恶，伤私义，二者无一可，而先生行之，必且轻于齐而累于楚矣！且齐东陼巨海，南有琅邪，观乎成山，射乎之罘，浮渤澥，游孟诸。邪与肃慎为邻，右以汤谷为界。秋田乎青邱，彷徨乎海外，吞若云梦者八九于其胸中，曾不蒂芥。若乃俶傥瑰玮，异方殊类，珍怪鸟兽，万端鳞山崒，充物其中，不可胜记，禹不能名，高不能计。然在诸侯之位，不敢言游戏之乐，苑囿之大；先生又见客，是以王辞不复，何为无以应哉？"

上林赋

亡是公听然而笑曰："楚则失矣，而齐亦未为得也。夫使诸侯纳贡者，非为财币，所以述职也；封疆画界者，非为守御，所以禁淫也。今齐列为东藩，而外私肃慎，捐国逾限，越海而田。其于义固未可也。且二君之论，不务明君臣之义，正诸侯之礼，徒事争于游戏之乐，苑囿之大，欲以奢侈相胜，荒淫相越，此不可以扬名发誉，而适足以贬君自损也。"

"且夫齐、楚之事又乌足道乎！君未睹夫巨丽也？独不闻天子之上林乎？左苍梧，右西极，丹水更其南，紫渊径其北，终始灞、浐，出入泾、渭；酆、镐、潦、潏，纡余委蛇，经营乎其内。荡荡乎八川分流，相背而异态。东西南北，驰骛往来，出乎椒丘之阙，行乎洲淤之浦，径乎桂林之中，过乎泱漭之野。汩乎混流，顺阿而下，赴隘狭之口，触穿石，激堆埼，沸乎暴怒，汹涌彭湃，滭弗宓汩，偪侧泌瀄，横流逆折，转腾潎洌，滂濞沆溉；穿隆云桡，宛潬胶盭，逾波趋浥，莅莅下濑，批岩冲拥，奔扬滞沛；临坻注壑，瀺灂损坠；沈沈隐隐，砰磅訇礚；潏潏淈淈，湁潗鼎沸，驰波跳沫，汩㵾漂疾，悠远长怀，寂漻无声，肆乎永归。然后灝溔潢漾，安翔徐回。翯乎滈滈，东注大湖，衍溢陂池。

"于是乎蛟龙赤螭，鯱鰽渐离，鰅鳙鳍鮀，禺禺魼鳎，捷鳍掉尾，振鳞奋翼，潜处乎深岩。鱼鳖讙声，万物众伙，明月珠子，的砾江靡，蜀石黄碝，水玉磊砢，磷磷烂烂，采色澔汗，丛积乎其中。鸿鹔鹄鸨，鴐鹅属玉，交精旋目，烦鹜庸渠，箴疵鵁卢，群浮乎其上。泛淫泛滥，随风澹淡，与波摇荡，奄薄水渚，唼喋菁藻，咀嚼菱藕。

"于是乎崇山矗矗，龍嵸崔巍，深林巨木，崭岩参差。九嵕嶻嶭，南山峨峨，岩陁甗锜，摧崣崛崎，振溪通谷，蹇产沟渎，谽呀豁閜，阜陵别岛，崴磈崀虺，丘墟崛礨，隐辚郁垒，登降施靡，陂池貏豸，沇溶淫鬻，散涣夷陆，亭皋千里，靡不被筑。揜以绿蕙，被以江蓠，糅以蘼芜，杂以留夷。布结缕，攒戾莎，揭车衡兰，槁本射干，茈姜蘘荷，葴持若荪，鲜支黄砾，蒋芧青薠，布濩闳泽，延漫太原，离靡广衍，应风披靡，吐芳扬烈，郁郁菲菲，众香发越，肸蚃布写，晻薆咇茀。

"于是乎周览泛观，缤纷轧芴，芒芒恍忽，视之无端，察之无涯。日出东沼，入乎西陂。其南则隆冬生长，踊水跃波；其兽则㺎旄貘犁，沈牛塵麋，赤首圜题，穷奇象犀。其北则盛夏含冻裂地，涉冰揭河，其兽则麒麟角端，騊駼橐驼，蛩蛩驒騱，駃騠驴骡。

"于是乎离宫别馆，弥山跨谷，高廊四注，重坐曲阁，华榱璧珰，辇道纚属，步櫩周流，长途中宿。夷嵕筑堂，累台增成，岩突洞房。俯杳眇而不见，仰攀橑而扪天，奔星更于闺闼，宛虹拖于楯轩。青龙蚴蟉于东箱，象舆婉僤于西清，灵圄燕于闲馆，偓佺之伦暴于南荣，醴泉涌于清室，通川过于中庭。磐石振崖，嵚岩倚倾，嵯峨磼嶪，刻削峥嵘，玫瑰碧琳，珊瑚丛生，瑉玉旁唐，玢豳文鳞，赤瑕驳荦，杂臿其间，晁采琬琰，和氏出焉。

"于是乎卢桔夏熟，黄甘橙楱，枇杷橪柿，亭柰厚朴，梬枣杨梅，樱桃蒲陶，隐夫薁棣，答遝离支，罗乎后宫。列乎北园，迤丘陵，下平原，扬翠叶，扤紫茎，发红华，垂朱荣，煌煌扈扈，照曜巨野。沙棠栎槠，华枫枰栌，留落胥邪，仁频并闾，欀檀木兰，豫章女贞，长千仞，大连抱，夸条直畅，实叶葰楙，攒立丛倚，连卷欐佹，崔错癹骫，坑衡閜砢，垂条扶疏，落英幡纚，纷溶箾蔘，猗狔从风，藰莅芔歙，盖象金石之声，管籥之音。傑池茈虒，旋还乎后宫，杂袭累辑，被山缘谷，循坂下隩，视之无端，究之亡穷。

"于是乎玄猿素雌，蜼玃飞蝚，蛭蜩蠼猱，獑胡縠蛫，栖息乎其间，长啸哀鸣，翩幡互经，天蟜枝格，偃蹇杪颠，逾绝梁，腾殊榛，捷垂条，踔希间，牢落陆离，烂漫远迁。

"若此者数百千处，娱游往来，宫宿馆舍，庖厨不徙，后宫不移，百官备具。

"于是乎背秋涉冬，天子校猎。乘镂象，六玉虬，拖蜺旌，靡云旗，前皮轩，后道游；孙叔奉辔，卫公骖乘，扈从横行，出乎四校之中。鼓严簿，纵獠者，江河为阹，泰山为橹，车骑雷起，殷天动地，先后陆离，离散别追，淫淫裔裔，缘陵流泽，云布雨施。

"于是乘舆弭节徘徊，翱翔往来，睨部曲之进退，览将帅之变态。然后侵淫促节，倏夐远去。流离轻禽，蹴履狡兽；轊白鹿，捷狡兔。轶赤电，遗光耀，追怪物，出宇宙，弯蕃弱，满白羽，射游枭，栎蜚遽。择肉而后发，先中而命处。弦矢分，艺殪仆。然后扬节而上浮，凌惊风，历骇猋，乘虚无，与神俱。蹵玄鹤，乱昆鸡，遒孔鸾，促鹓鶵，拂翳鸟，捎凤凰，捷鸳鷟，掩焦明。道尽途殚，回车而还。消遥乎襄羊，降集乎北纮，率乎直指，晻乎反乡。蹷石阙，历封峦，过鳷鹊，望露寒，下棠梨，息宜春。西驰宣曲，濯鹢牛首，登龙台，掩细柳，观士大夫之勤略，均猎者之所得获。徒车之所轥轹，步骑之所蹂若，人臣之所蹈藉，与其穷极倦㪿，惊惮慴伏，不被创刃而死者，它它藉藉，填坑满谷，掩平弥泽。

"于是乎游戏懈怠，置酒乎颢天之台，张乐乎轇輵之宇，撞千石之钟，立万石之虡，建翠华之旗，树灵鼍之鼓。奏陶唐氏之舞，听葛天氏之歌，千人唱，万人和，山陵为之震动，川谷为之荡波。巴、渝、宋、蔡，淮南干遮文成颠歌，族居递奏，金鼓迭起，铿枪闛鞈，洞心骇耳。荆、吴、郑、卫之声，《韶》、《濩》、《武》、《象》之乐，阴淫案衍之音，鄢郢缤纷，《激楚》、《结风》，俳优侏儒，狄鞮之倡，所以娱耳目乐心意者，丽靡烂漫于前，靡曼美色于后。若夫青琴、宓妃之徒，绝殊离俗，妖冶娴都，靓妆刻饰，便嬛绰约，柔桡嫚嫚，妩媚纤弱，曳独茧之褕絏，眇阎易以恤削，便姗嫳屑，与俗殊服，芬芳沤郁，酷烈淑郁，皓齿粲烂，宜笑的皪，长眉连娟，微睇绵藐，色授魂与，心愉于侧。

"于是酒中乐酣，天子芒然而思，似若有亡，曰：'嗟乎，此大奢侈！朕以览听余闲，无事弃日，顺天道以杀伐，时休息以于此，恐后世靡丽，遂往而不返，非所以为继嗣创业垂统也。'于是乎乃解酒罢猎而命有司曰：'地可垦辟，悉为农郊，以赡萌隶，隤墙填堑，使山泽之民得至焉。实陂池而勿禁，虚宫馆面勿仞。发仓廪以救贫穷，补不足，恤鳏寡，存孤独，出德号，省刑罚，改制度，易服色，革正朔，与天下为更始。'

"于是历吉日以斋戒，袭朝服，乘法驾，建华旗，鸣玉鸾，游于六艺之囿，驰骛乎仁义之涂，览观《春歌》之林，射《狸首》，兼《驺虞》，弋玄鹤，舞干戚，载云罕，揜群雅，悲《伐檀》，乐《乐胥》，修容乎《礼》园，翔翔乎《书》圃，述《易》道，放怪兽，登明堂，坐清庙，次群臣，奏得失，四海之内靡不受获。于斯之时，天下大说，乡风而听，随流而化，喘然兴道而迁义，刑错而不用，德隆于三皇，功羡于五帝。若此，故猎乃可喜也。

"若夫终日驰骋，劳神苦形，罢车马之用，抚士卒之精，费府库之财，而无德厚之恩，务在独乐，不顾众庶，忘国家之政，贪雉兔之获；则仁者不繇也。

"从此观之，齐楚之事，岂不哀哉！地方不过千里，而囿居九百，是草本不得垦辟而人无所食也，夫以诸侯之细，而乐万乘之所侈，仆恐百姓被其尤也。"

于是二子愀然改容，超若自失，逡巡避席，曰："鄙人固陋，不知忌讳，乃今日见教，谨受命矣。"

大人赋

世有大人兮，在于中州。宅弥万里兮，曾不足以少留。悲世俗之迫隘兮，朅轻举而远游。垂绛幡之素蜺兮，载云气而上浮。建格泽之长竿兮，总光耀之采旄。垂旬始以为幓兮，抴彗星而为髾。掉指桥以偃蹇兮，又旖旎以招摇。揽欃枪以为旌兮，靡屈虹而为绸。红杳渺以眩湣兮，猋风涌而云浮。驾应龙象舆之蠖略逶丽兮，骖赤螭青虬之𧉧蟉蜿蜒。低卬天蟜据以骄骜兮，诎折隆穷蠼以连卷。沛艾赳螑仡以佁儗兮，放散畔岸骧以孱颜。跮踱辄辖容以委丽兮，蜩蟉偃蹇怵以梁倚。纠蓼叫畀蹋以艘路兮，蔑蒙踊跃腾而狂趡。莅飒卉翕熛至电过兮，焕然雾除，霍然云消。

邪绝少阳而登太阴兮，与真人乎相求。互折窈窕以右转兮，横厉飞泉以正东。悉征灵圉而选之兮，部乘众神于瑶光。使五帝先导兮，反太一而后陵从。左玄冥而右含雷兮，前陆离而后潏湟。厮征伯侨而役羡门兮，属岐伯使尚方。祝融惊而跸御兮，清氛气而后行。屯余车其万乘兮，綷云盖而树华旗。使句芒其将行兮，吾欲往乎南嬉。

历唐尧于崇山兮，过虞舜于九疑。纷湛湛其差错兮，杂遝胶葛以方驰。骚扰冲苁其相纷挐兮，滂濞泱轧洒以林离。攒罗列聚丛以茏茸兮，衍曼流烂坛以陆离。径入雷室之砰磷郁律兮，洞出鬼谷之崛礨嵬石褢。遍览八纮而观四荒兮，朅渡九江而越五河。经营炎火而浮弱水兮，杭绝浮渚而涉流沙。奄息葱极泛滥水嬉兮，使灵娲鼓瑟而舞冯夷。时若薆薆将混浊兮，召屏翳诛风伯而刑雨师。西望昆仑之轧沕洸忽兮，直径驰乎三危。排阊阖而入帝宫兮，载玉女而与之归。登阆风而遥集兮，亢乌腾而一止。低回阴山翔以纡曲兮，吾乃今目睹西王母暠然白首。戴胜而穴处兮，亦幸有三足乌为之使。必长生若此而不死兮，虽济万世不足以喜。

回车朅来兮，绝道不周，会食幽都。呼吸沆瀣兮餐朝霞，噍咀芝英兮叽琼华。僸侵浔而高纵兮，纷鸿涌而上厉。贯列缺之倒景兮，涉丰隆之滂沛。驰游道而脩降兮，骛遗雾而远逝。迫区中之隘陕兮，舒节出乎北垠。遗屯骑于玄阙兮，轶先驱于寒门。下峥嵘而无地兮，上寥廓而无天。视眩眠而无见兮，听惝恍而无闻。乘虚无而上假兮，超无友而独存。

长门赋

夫何一佳人兮，步逍遥以自虞。魂逾佚而不反兮，形枯槁而独居。言我朝往而暮来兮，饮食乐而忘人。心慊移而不省故兮，交得意而相亲。

伊予志之慢愚兮，怀贞悫之欢心。愿赐问而自进兮，得尚君之玉音。奉虚言而望诚兮，期城南之离宫。修薄具而自设兮，君曾不肯乎幸临。廓独潜而专精兮，天漂漂而疾风。登兰台而遥望兮，神怳怳而外淫。浮云郁而四塞兮，天窈窈而昼阴。雷殷殷而响起兮，声象君之车音。飘风回而起闺兮，举帷幄之襜襜。桂树交而相纷兮，芳酷烈之闾闾。孔雀集而相存兮，玄猨啸而长吟。翡翠胁翼而来萃兮，鸾凤翔而北南。

心凭噫而不舒兮，邪气壮而攻中。下兰台而周览兮，步从容于深宫。正殿块以造天兮，郁并起而穿崇。间徙倚于东厢兮，观夫靡靡而无穷。挤玉户以撼金铺兮，声噌而似钟音。

刻木兰以为榱兮，饰文杏以为梁。罗丰茸之游树兮，离楼梧而相撑。施瑰木之欂栌兮，委参差以槺梁。时仿佛以物类兮，象积石之将将。五色炫以相曜兮，烂耀耀而成光。致错石之瓴甓兮，象玳瑁之文章。张罗绮之幔帷兮，垂楚组之连纲。

抚柱楣以从容兮，览曲台之央央。白鹤嗷以哀号兮，孤雌跱于枯肠。日黄昏而望绝兮，怅独托于空堂。悬明月以自照兮，徂清夜於洞房。援雅琴以变调兮，奏愁思之不可长。案流征以却转兮，声幼眇而复扬。贯历览其中操兮，意慷慨而自卬。左右悲而垂泪兮，涕流离而从横。舒息悒而增欷兮，蹀履起而彷徨。揄长袂以自翳兮，数昔日之𠴱殃。无面目之可显兮，遂颓思而就床。抟芬若以为枕兮，席荃兰而茝香。

忽寝寐而梦想兮，魄若君之在旁。惕寤觉而无见兮，魂迋迋若有亡。众鸡鸣而愁予兮，起视月之精光。观众星之行列兮，毕昴出于东方。望中庭之蔼蔼兮，若季秋之降霜。夜曼曼其若岁兮，怀郁郁其不可再更。澹偃蹇而待曙兮，荒亭亭而复明。妾人窃自悲兮，究年岁而不敢忘。

凤求凰

其一：

有一美人兮，见之不忘。

一日不见兮，思之如狂。

凤飞翱翔兮，四海求凰。

无奈佳人兮，不在东墙。

将琴代语兮，聊写衷肠。

何日见许兮，慰我彷徨。

愿言配德兮，携手相将。

不得于飞兮，使我沦亡。

其二：

凤兮凤兮归故乡，遨游四海求其凰。

时未遇兮无所将，何悟今兮升斯堂！

有艳淑女在闺房，室迩人遐毒我肠。

何缘交颈为鸳鸯，胡颉颃兮共翱翔！

凰兮凰兮从我栖，得托孳尾永为妃。

交情通意心和谐，中夜相从知者谁？

双翼俱起翻高飞，无感我思使余悲。

美人赋

司马相如，美丽闲都，游于梁王，梁王悦之。邹阳谮之于王曰："相如美则美矣，然服色容冶，妖丽不忠，将欲媚辞取悦，游王后宫，王不察之乎？"

王问相如曰："子好色乎？"相如曰："臣不好色也。"王曰："子不好色，何若孔墨乎？"

相如曰："古之避色，孔墨之徒，闻齐馈女而遐逝，望朝歌而回车。譬犹防火水中，避溺山隅，此乃未见其可欲。何以明不好色乎？

"若臣者，少长西土，鳏处独居。室宇辽廓，莫与为娱。臣之东邻，有一女子，云发丰艳，蛾眉皓齿。颜盛色茂，景曜光起。恒翘翘而西顾，欲留臣而共止。登垣而望臣，三年于兹矣。臣弃而不许。

"窃慕大王之高义，命驾东来。途出郑卫，道由桑中。朝发溱洧，暮宿上宫。上宫闲馆，寂寞云虚。门阁昼掩，暖若神居。

"臣排其户而造其室，芳香芬烈，黼帐高张。有女独处，婉然在床，奇葩逸丽，淑质艳光。睹臣迁延，微笑而言曰：'上客何国之公子，所从来无乃远乎？'遂设旨酒、进鸣琴。

"臣遂抚弦，为《幽兰》《白雪》之曲。女乃歌曰：'独处室兮廓无依，思佳人兮情伤悲。有美人兮来何迟，日既暮兮华色衰。敢托身兮长自思。'玉钗挂臣冠，罗袖拂臣衣。

"时日西夕，玄阴晦冥。流风惨冽，素雪飘零。闲房寂谧，不闻人声。于是寝具既设，服玩珍奇；金鉔薰香，黼帐低垂；裯襦重陈，角枕横施。女乃弛其上服，表其亵衣。皓体呈露，弱骨丰肌。时来亲臣，柔滑如脂。

"臣乃气服于内，心正于怀。信誓旦旦，秉志不回。翻然高举，与彼长辞。"

哀秦二世赋

登陂阤之长阪兮，坌入曾宫之嵯峨。

临曲江之隑州兮，望南山之参差。

岩岩深山之谾谾兮，通谷豁乎谽谺。

泪减韨以永逝兮，注平皋之广衍。

观众树之蓊薆兮，览竹林之榛榛。

东驰土山兮，北揭石濑。

弭节容与兮，历吊二世。

持身不谨兮，亡国失势；

信谗不寤兮，宗庙灭绝。

乌乎！操行之不得，

墓芜秽而不修兮，魂亡归而不食。

夐邈绝而不齐兮，弥久远而愈休。

精罔阆而飞扬兮，拾九天而永逝。

呜呼哀哉！

第二部分 散文

散文导读："赋莫若司马相如，文莫若司马迁。"提到司马相如，人们总是会首先想到他的辞赋成就，却忽略了他在散文上的贡献。其实司马相如的散文同样是汉代文学史上不容忽略的一部分。虽然历经千年，如今司马相如的散文完整存留下来的只有《谕巴蜀檄》《难蜀父老》《谏猎疏》《封禅书》四篇，但是却均是汉代文学史上的瑰丽明珠，为汉代散文的语言运用和形式发展方面做出了重要贡献。司马相如的散文以"奇文奥义，微言大义"为特点，在委婉含蓄、言简意赅的词句中蕴含着深刻的人生哲理和警示。如若说司马相如的汉赋作品是他感性意识的深刻表达，那么他的散文则是他政治理想和理性思维最淋漓尽致地体现。

谕巴蜀檄

告巴、蜀太守：蛮夷自擅，不讨之日久矣，时侵犯边境，劳士大夫。陛下即位，存抚天下，辑安中国，然后兴师出兵，北征匈奴，单于怖骇，交臂受事，屈膝请和。康居西域，重译纳贡，稽首来享。移师东指，闽越相诛；右吊番禺，太子入朝。南夷之君，西僰之长，常效贡职，不敢怠堕，延颈举踵，喁喁然，皆争归义，欲为臣妾，道里辽远，山川阻深，不能自致。

夫不顺者已诛，而为善者未赏，故遣中郎将往宾之，发巴、蜀之士各百人以奉币，卫使者不然，靡有兵革之事，战斗之患。今闻其乃发军兴制，惊惧子弟，忧患长老，郡又擅为转粟运输，皆非陛下之意也。当行者或亡逃自贼杀，亦非人臣之节也。

夫边郡之士，闻烽举燧燔，皆摄弓而驰，荷兵而走，流汗相属，唯恐居后，触白刃，冒流矢，议不反顾，计不旋踵，人怀怒心，如报私仇。彼岂乐死恶生，非编列之民，而与巴、蜀异主哉？计深虑远，急国家之难，而乐尽人臣之道也。故有剖符之封，析珪而爵，位为通侯，居列东第。终则遗显号于后世，传土地于子孙，事行甚忠敬，居位甚安佚，名声施于无穷，功烈著而不灭。是以贤人君子，肝脑涂中原，膏液润野草而不辞也。

今奉币役至南夷，即自贼杀，或亡逃抵诛，身死无名，谥为至愚，耻及父母，为天下笑。人之度量相越，岂不远哉！然此非独行者之罪也，父兄之教不先，子弟之率不谨，寡廉鲜耻，而俗不长厚也。其被刑戮，不亦宜乎！

陛下患使者有司之若彼，悼不肖愚民之如此，故遣信使，晓谕百姓以发卒之事，因数之以不忠死亡之罪，让三老孝弟以不教诲之过。方今田时，重烦百姓，已亲见近县，恐远所溪谷山泽之民不遍闻，檄到，亟下县道，咸谕陛下意，毋忽！

难蜀父老

汉兴七十有八载，德茂存乎六世，威武纷纭，湛恩汪濊，群生澍濡，洋溢乎方外。于是乃命使西征，随流而攘，风之所被，罔不披靡。因朝冉从駹，定筰存邛，略斯榆，举苞满，结轨还辕，东乡将报，至于蜀都。

耆老大夫荐绅先生之徒二十有七人，俨然造焉。辞毕，因进曰："盖闻天子之于夷狄也，其义羁縻勿绝而已。今罢三郡之士，通夜郎之途，三年于兹而功不竟，士卒劳倦，万民不赡；今又接以西夷，百姓力屈，恐不能卒业，此亦使者之累也，窃为左右患之。且夫邛、筰、西僰之与中国并也，历年兹多不可记已。仁者不以德来，强者不以力并，意者其殆不可乎！今割齐民以附夷狄，弊所恃以事无用。鄙人固陋，不识所谓。"

使者曰："乌谓此邪！必若所云，则是蜀不变服而巴不化俗也。余尚恶闻若说。然斯事体大，固非观者之所觇也。余之行急，其详不可闻已。请为大夫粗陈其略：

"盖世必有非常之人，然后有非常之事；有非常之事，然后有非常之功。非常者，固常人之所异也。故曰非常之原，黎民惧焉；及臻厥成，天下晏如也。昔者洪水沸出，泛滥衍溢，人民登降移徙，崎岖而不安。夏后氏戚之，及堙洪水，决江疏河，洒沉赡菑，东归之于海，而天下永宁。当斯之勤，岂唯民哉？心烦于虑而身亲其劳，躬胝无胈，肤不生毛，故休烈显乎无穷，声称浃乎于兹。

"且夫贤君之践位也，岂特委琐握龊，拘文牵俗，循诵习传，当世取说云尔哉！必将崇论闳议，创业垂统，为万世规。故驰骛乎兼容并包，而勤思乎参天贰地。且《诗》不云乎，'普天之下，莫非王土；率土之滨，莫非王臣。'是以六合之内，八方之外，浸浔衍溢，怀生之物有不浸润于泽者，贤君耻之。今封疆之内，冠带之伦，咸获嘉祉，靡有阙遗矣。而夷狄殊俗之国，辽接异党之地，舟舆不通，人迹罕至，政教未加，流风犹微。内之则犯义侵礼于边境，外之则邪行横作：放弑其上，君臣易位，尊卑失序，父兄不辜，幼孤为奴，系累号泣，内向而怨，曰：'盖闻中国有至仁焉，德洋而恩普，物靡不得其所，今独曷为遗己！'举踵思慕，若枯旱之望雨。鸷夫为之垂涕，况乎上圣，又恶能已？故北出师以讨强胡，南驰使以诮劲越。四面风德，二方之君鳞集仰流，愿得受号者以亿计。故乃关沫若，徼牂柯，镂灵山，梁孙原。创道德之途，垂仁义之统。将博恩广施，远抚长驾，使疏逖不闭，阻深暗昧，得耀乎光明，以偃甲兵于此，而息诛伐于彼。遐迩一体，中外禔福，不亦康乎？夫拯民于沉溺，奉至尊之休德，反衰世之陵迟，继周氏之绝业，斯乃天子之急务也。百姓虽劳，又恶可以已哉?

"且夫王事固未有不始于忧勤,而终于佚乐者也。然则受命之符合在于此矣。方将增泰山之封,加梁父之事,鸣和鸾,扬乐颂,上咸五,下登三。观者未睹指,闻者未闻音,犹鷦明已翔乎寥廓,而罗者犹视乎薮泽。悲夫!"

于是诸大夫芒然其所怀来,而失阙所以进,喟然并称曰:"允哉汉德,此鄙人之所愿闻也。百姓虽怠,请以身先之。"敞罔靡徙,因迁延而辞避。

谏猎疏

臣闻物有同类而殊能者,故力称乌获,捷言庆忌,勇期贲、育。臣之愚,窃以为人诚有之,兽亦宜然。今陛下好陵阻险,射猛兽,卒然遇轶材之兽,骇不存之地,犯属车之清尘,舆不及还辕,人不暇施巧,虽有乌获、逢蒙之伎,力不得用,枯木朽株尽为害矣。是胡越起于毂下,而羌夷接轸也,岂不殆哉!虽万全无患,然本非天子之所宜也。

且夫清道而后行,中路而后驰,犹时有御橛之变,而况涉乎蓬蒿,驰乎丘坟,前有利兽之乐,而内无存变之意,其为祸也不亦难矣!夫轻万乘之重不以为安,而乐出于万有一危之途以为娱,臣窃以为陛下不取也。

盖明者远见于未萌,而智者避危于无形,祸固多藏于隐微而发于人之所忽者也。故鄙谚曰:"家累千金者,坐不垂堂。"此言虽小,可以喻大。臣愿陛下之留意幸察。

封禅书

伊上古之初肇，自昊穹兮生民。历撰列辟，以迄于秦。率迩者踵武，逖听者风声。纷纶葳蕤，堙灭而不称者，不可胜数也。续韶夏，崇号谥，略可道者七十有二君。罔若淑而不昌，畴逆失而能存？

轩辕之前，遐哉邈乎，其详不可得闻也。五三六经载籍之传，维见可观也。书曰："元首明哉，股肱良哉。"因斯以谈，君莫盛于唐尧，臣莫贤于后稷。后稷创业于唐，公刘发迹于西戎，文王改制，爰周郅隆，大行越成，而后陵夷衰微，千载无声，岂不善始善终哉！然无异端，慎所由前，谨遗教于后耳。故轨迹夷易，易遵也；湛恩濛涌，易丰也；宪度著明，易则也；垂统理顺，易继也。是以业隆于襁褓而崇冠于二后。揆其所元，终都攸卒，未有殊尤绝迹可考于今者也。然犹蹑梁父，登泰山，建显号，施尊名。大汉之德，逢涌原泉，沕潏漫衍，旁魄四塞，云专雾散，上畅九垓，下溯八埏。怀生之类沾濡浸润，协气横流，武节飘逝，迩陕游原，迥阔泳沫，首恶湮没，暗昧昭澈，昆虫凯泽，回首面内。然后囿驺虞之珍群，徼麋鹿之怪兽，㧖一茎六穗于庖，牺双觡共抵之兽，获周余珍收龟于岐，招翠黄乘龙于沼。鬼神接灵圉，宾于闲馆。奇物谲诡，俶傥穷变。钦哉，符瑞臻兹，犹以为薄，不敢道封禅。盖周跃鱼陨杭，休之以燎，微夫斯之为符也，以登介丘，不亦恧乎！进让之道，其何爽与！

于是大司马进曰："陛下仁育群生，义征不憓，诸夏乐贡，百蛮执赟，德侔往初，功无与二，休烈浃洽，符瑞众变，期应绍至，不特创见。意者泰山、梁父设坛场望幸，盖号以况荣，上帝垂恩储祉，将以荐成，陛下谦让而弗发也。挈三神之欢，缺王道之仪，群臣恧焉。或谓且天为质暗，示珍符固不可辞；若然辞之，是泰山靡记而梁父靡几也。亦各并时而荣，咸济世而屈，说者尚何称于后，而云七十二君乎？夫修德以锡符，奉符以行事，不为进越。故圣王弗替，而修礼地祇，谒款天神，勒功中岳，以彰至尊，舒盛德，发号荣，受厚福，以浸黎民也。皇皇哉斯事！天下之壮观，王者之丕业，不可贬也。愿陛下全之。而后因杂荐绅先生之略术，使获耀日月之末光绝炎，以展采错事，犹兼正列其义，校饬厥文，作春秋一艺，将袭旧六为七，摅之无穷，俾万世得激清流，扬微波，蜚英声，腾茂实。前圣之所以永保鸿名而常为称首者用此，宜命掌故悉奏其义而览焉。”

于是天子沛然改容，曰：“愉乎，朕其试哉！”乃迁思回虑，总公卿之议，询封禅之事，诗大泽之博，广符瑞之富。乃作颂曰：

自我天覆，云之油油。甘露时雨，厥壤可游。滋液渗漉，何生不育；嘉谷六穗，我穑曷蓄。

非唯雨之，又润泽之；非唯濡之，泛尃濩之。万物熙熙，怀而慕思。名山显位，望君之来。君乎君乎，侯不迈哉！

般般之兽，乐我君囿；白质黑章，其仪可喜；旼旼睦睦，君子之能。盖闻其声，今观其来。厥涂靡踪，天瑞之征。兹亦于舜，虞氏以兴。

濯濯之麟，游彼灵畤。孟冬十月，君俎郊祀。驰我君舆，帝以享祉。

三代之前，盖未尝有。

宛宛黄龙，兴德而升；采色炫耀，熿炳辉煌。正阳显见，觉寤黎烝，于传载之，云受命所乘。

厥之有章，不必谆谆。依类讬寓，谕以封峦。

披艺观之，天人之际已交，上下相发允答。圣王之德，兢兢翼翼也。故曰“兴必虑衰，安必思危”。是以汤武至尊严，不失肃祇；舜在假典，顾省厥遗：此之谓也。

附录三　司马相如列传

《史记》卷一百一十七·司马相如列传第五十七

司马相如者，蜀郡成都人也，字长卿。少时好读书，学击剑，故其亲名之曰犬子。相如既学，慕蔺相如之为人，更名相如。以赀为郎，事孝景帝，为武骑常侍，非其好也。会景帝不好辞赋，是时梁孝王来朝，从游说之士齐人邹阳、淮阴枚乘、吴庄忌夫子之徒，相如见而说之，因病免，客游梁。梁孝王令与诸生同舍，相如得与诸生游士居数岁，乃着子虚之赋。

会梁孝王卒，相如归，而家贫，无以自业。素与临邛令王吉相善，吉曰："长卿久宦游不遂，而来过我。"于是相如往，舍都亭。临邛令缪为恭敬，日往朝相如。相如初尚见之，后称病，使从者谢吉，吉愈益谨肃。临邛中多富人，而卓王孙家僮八百人，程郑亦数百人，二人乃相谓曰："令有贵客，为具召之。"并召令。令既至，卓氏客以百数。至日中，谒司马长卿，长卿谢病不能往，临邛令不敢尝食，自往迎相如。相如不得已，彊往，一坐尽倾。酒酣，临邛令前奏琴曰："窃闻长卿好之，愿以自娱。"相如辞谢，为鼓一再行。是时卓王孙有女文君新寡，好音，故相如缪与令相重，而以琴心挑之。相如之临邛，从车骑，雍容闲雅甚都；及饮卓氏，弄琴，文君窃从户窥之，心悦而好之，恐不得当也。既罢，相如乃使人重赐文君侍者通殷勤。文君夜亡奔相如，相如乃与驰归成都。家居徒四壁立。卓王孙大怒曰："女至不材，我不忍杀，不分一钱也。"人或谓王孙，王孙终不听。文君久之不乐，曰："长卿第俱如临邛，从昆弟假贷犹足为生，何至自苦如此！"相如与俱之临邛，尽卖其车骑，买一酒舍酤酒，而令文君当垆。相如身自着犊鼻裈，与保庸杂作，涤器于市中。卓王孙闻而耻之，为杜门不出。昆弟诸公更谓王孙曰："有一男两女，所不足者非财也。今文君已失身于司马长卿，长卿故倦游，虽贫，其人材足依也，且又令客，独柰何相辱如此！"卓王孙不得已，分予文君僮百人，钱百万，及其嫁时衣被财物。文君乃与相如归成都，买田宅，为富人。

居久之，蜀人杨得意为狗监，侍上。上读子虚赋而善之，曰："朕独不得与此人同时哉！"得意曰："臣邑人司马相如自言为此赋。"上惊，乃召问相如。相如曰："有是。然此乃诸侯之事，未足观也。请为天子游猎赋，赋成奏之。"上许，令尚书给笔札。相如以"子虚"，虚言也，为楚称；"乌有先生"者，乌有此事也，为齐难；"无是公"者，无是人也，明天子之义。故空藉此三人为辞，以推天子诸侯之苑囿。其卒章归之于节俭，因以风谏。奏之天子，天子大说。其辞曰：

楚使子虚于齐，王悉发车骑，与使者出畋。畋罢，子虚过奼乌有先生，亡是公在焉。坐定，乌有先生问曰："今日畋，乐乎？"子虚曰："乐。""获多乎？"曰："少。""然则何乐？"对曰："仆乐齐王之欲夸仆以车骑之众，而仆对以云梦之事也。"曰："可得闻乎？"子虚曰："可。"

王车驾千乘，选徒万乘，畋于海滨。列卒满泽，罘网弥山。掩兔辚鹿，射麋脚麟。鹜于盐浦，割鲜染轮。射中获多，矜而自功。顾谓仆曰："楚亦有平原广泽游猎之地，饶乐若此者乎？楚王之猎，孰与寡人乎？"仆下车对曰："臣楚国之鄙人也。幸得宿卫，十有余年，时从出游，游于后园，览于有无，然犹未能遍睹也，又焉足以言其外泽者乎？"齐王曰："虽然，略以子之所闻见而言之。"仆对曰："唯唯。"

"臣闻楚有七泽，尝见其一，未睹其余也。臣之所见，盖特其小小耳者，名曰云梦。云梦者，方九百里，其中有山焉。其山则盘纡岪郁，隆崇嵂崒，岑崟参差，日月蔽亏。交错纠纷，上干青云。罢池陂陀，下属江河。其土则丹青赭垩，雌黄白坿，锡碧金银。众色炫耀，照烂龙鳞。其石则赤玉玫瑰，琳珉琨吾，瑊玏玄厉，碝石碔砆。其东则有蕙圃：衡兰芷若，芎䓖菖蒲，江蓠蘪芜，诸柘巴苴。其南侧有平原广泽：登降陁靡，案衍坛曼，缘似大江，限以巫山；其高燥则生葳菥苞荔，薛莎青薠；其埤湿则生藏莨蒹葭，东蔷雕胡。莲藕觚卢，菴闾轩于。众物居之，不可胜图。其西则有涌泉清池：激水推移，外发芙蓉菱华，内隐巨石白沙；其中则有神色蛟鼍，玳瑁鳖鼋。其北则有阴林：其树楩柟豫章，桂椒木兰，檗离朱杨，樝梸梨栗，橘柚芬芬；其上则有鹓鶵孔鸾，腾远射干；其下则有白虎玄豹，曼蜒貙犴。

"于是乎乃使剸诸之伦，手格此兽。楚王乃驾驯交之驷，乘雕玉之舆，靡鱼段之桡旃，曳明月之珠旗，建干将之雄戟，左乌号之雕弓，右夏服之劲箭。阳子骖乘，纤阿为御，案节未舒，即陵狡兽；蹴蛩蛩，辚距虚。轶野马，辏陶駼，乘遗风，射游骐。倏眝倩浰，雷动犇至，星流霆击，弓不虚发，中心决眦，洞胸达掖，绝乎心系。获若雨兽，揜草蔽地。于是楚王乃弭节徘徊，翱翔容与，览乎阴林，观壮士之暴怒，与猛兽之恐惧。徼郄受诎，殚睹众物之变态。

"于是郑女曼姬，被阿緆，揄纻缟，杂纤罗，垂雾縠，襞积褰绉，郁桡溪谷。衯衯裶裶，扬袘戍削，蜚襳垂髾。扶舆猗靡，翕呷萃蔡；下靡兰蕙，上拂羽盖；错翡翠之威蕤，缪绕玉绥。眇眇忽忽，若神仙之仿佛。于是乃相与獠于蕙圃，媻姗勃窣，上乎金堤。揜翡翠，射鵔鸃，微矰出，纤缴施。弋白鹄，加驾鹅，双鸧下，玄鹤加。怠而后发，游于清池。浮文鹢，扬旌栧，张翠帷，建羽盖。罔瑇瑁，钓紫贝。摐金鼓，吹鸣籁。榜人歌，声流喝。水虫骇，波鸿沸，涌泉起，奔扬会。礧石相击，硍硍磕磕，若雷霆之声，闻乎数百里之外。将息獠者，击灵鼓，起烽燧，车按行，骑就队，丽乎淫淫，般乎裔裔。

"于是楚王乃登云阳之台，怕乎无为，澹乎自持，勺药之和，具而后御之。不若大王终日驰骋，曾不下舆，脟割轮焠，自以为娱。臣窃观之，齐殆不如。于是齐王默然无以应仆也。"

乌有先生曰："是何言之过也！足下不远千里，来贶齐国：王悉发境内之士，而备车骑之众，与使者出畋，乃欲戮力致获，以娱左右，何名为夸哉？问楚地之有无者，愿闻大国之风烈，先生之余论也。今足下不称楚王之德厚，而盛推云梦以为高，奢言淫乐而显侈靡，窃为足下不取也。必若所言，固非楚国之美也；无而言之，是害足下之信也。彰君恶，伤私义，二者无一可，而先生行之，必且轻于齐而累于楚矣！且齐东陼巨海，南有琅邪，观乎成山，射乎之罘，浮渤澥，游孟诸。邪与肃慎为邻，右以汤谷为界。秋田乎青邱，彷徨乎海外，吞若云梦者八九于其胸中，曾不蒂芥。若乃俶傥瑰玮，异方殊类，珍怪鸟兽，万端鳞崪，充物其中，不可胜记，禹不能名，高不能计。然在诸侯之位，不敢言游戏之乐，苑囿之大；先生又见客，是以王辞不复，何为无以应哉？"

亡是公听然而笑曰："楚则失矣，而齐亦未为得也。夫使诸侯纳贡者，非为财币，所以述职也；封疆画界者，非为守御，所以禁淫也。今齐列为东藩，而外私肃慎，捐国逾限，越海而田。其于义固未可也。且二君之论，不务明君臣之义，正诸侯之礼，徒事争于游戏之乐，苑囿之大，欲以奢侈相胜，荒淫相越，此不可以扬名发誉，而适足以贬君自损也。"

"且夫齐、楚之事又乌足道乎！君未睹夫巨丽也？独不闻天子之上林乎？左苍梧，右西极，丹水更其南，紫渊径其北，终始灞、浐，出入泾、渭；酆、镐、潦、潏，纡余委蛇，经营乎其内。荡荡乎八川分流，相背而异态。东西南北，驰骛往来，出乎椒丘之阙，行乎洲淤之浦，径乎桂林之中，过乎泱漭之野。汩乎混流，顺阿而下，赴隘狭之口，触穹石，激堆埼，沸乎暴怒，汹涌彭湃，滭弗宓汩，偪侧泌㵽，横流逆折，转腾潎洌，澎濞沆溉；穹隆云桡，宛潬胶盭，逾波趋浥，涖涖下濑，批岩冲拥，奔扬滞沛；临坻注壑，瀺灂损坠；沈沈隐隐，砰磅訇礚；潏潏淈淈，湁潗鼎沸，驰波跳沫，汩㵖漂疾，悠远长怀，寂漻无声，肆乎永归。然后灝溔潢漾，安翔徐回。翯乎滈滈，东注大湖，衍溢陂池。

"于是乎蛟龙赤螭，鲔鰽渐离，鰅鳙鳍鲛，禺禺魼鳎，揵鳍掉尾，振鳞奋翼，潜处乎深岩。鱼鳖讙声，万物众伙，明月珠子，的砾江靡，蜀石黄碝，水玉磊砢，磷磷烂烂，采色澔汗，丛积乎其中。鸿鹔鹄鸨，鴐鹅属玉，交精旋目，烦鹜庸渠，箴疵䴔卢，群浮乎其上。泛淫泛滥，随风澹淡，与波摇荡，奄薄水渚，唼喋菁藻，咀嚼菱藕。

"于是乎崇山矗矗，巃嵸崔巍，深林巨木，崭岩参差。九嵏巀嶭，南山峨峨，岩陁甗锜，摧崣崛崎，振溪通谷，蹇产沟渎，谽呀豁閜，阜陵别岛，崴磈嵔廆，丘墟崛礨，隐辚郁垒，登降施靡，陂池貏豸，沇溶淫鬻，散涣夷陆，亭皋千里，靡不被筑。揜以绿蕙，被以江蓠，糅以蘪芜，杂以留夷。布结缕，攒戾莎，揭车衡兰，稾本射干，茈姜蘘荷，葴持若荪，鲜支黄砾，蒋芧青薠，布濩闳泽，延漫太原，离靡广衍，应风披靡，吐芳扬烈，郁郁菲菲，众香发越，肸蚃布写，晻薆咇茀。"

　　"于是乎周览泛观，缤纷轧芴，芒芒恍忽，视之无端，察之无涯。日出东沼，入乎西陂。其南则隆冬生长，踊水跃波；其兽则猵旄貘嫠，沈牛麈麇，赤首圆题，穷奇象犀。其北则盛夏含冻裂地，涉冰揭河，其兽则麒麟角端，騊駼橐驼，蛩蛩驒騱，駃騠驴骡。

　　"于是乎离宫别馆，弥山跨谷，高廊四注，重坐曲阁，华榱璧珰，辇道缅属，步櫩周流，长途中宿。夷嵕筑堂，累台增成，岩突洞房。俯杳眇而不见，仰攀橑而扪天，奔星更于闺闼，宛虹拖于楯轩。青龙蚴蟉于东箱，象舆婉僤于西清，灵圉燕于闲馆，偓佺之伦暴于南荣，醴泉涌于清室，通川过于中庭。磐石振崖，嵚岩倚倾，嵯峨嶻嶭，刻削峥嵘，玫瑰碧琳，珊瑚丛生，瑉玉旁唐，玢豳文鳞，赤瑕驳荦，杂臿其间，晁采琬琰，和氏出焉。

　　"于是乎卢桔夏熟，黄甘橙楱，枇杷橪柿，亭柰厚朴，梬枣杨梅，樱桃蒲陶，隐夫薁棣，答遝离支，罗乎后宫。列乎北园，迆丘陵，下平原，扬翠叶，扤紫茎，发红华，垂朱荣，煌煌扈扈，照曜巨野。沙棠栎槠，华枫枰栌，留落胥邪，仁频并闾，欀檀木兰，豫章女贞，长千仞，大连抱，夸条直畅，实叶葰楙，攒立丛倚，连卷欐佹，崔错癹骩，坑衡閜砢，垂条扶疏，落英幡纚，纷溶箾蔘，猗狔从风，藰莅芔歙，盖象金石之声，管籥之音。偨池茈虒，旋还乎后宫，杂袭累辑，被山缘谷，循坂下隰，视之无端，究之亡穷。

　　"于是乎玄猿素雌，蜼玃飞鼺，蛭蜩蠼猱，獑胡縠蛫，栖息乎其间，长啸哀鸣，翩幡互经，夭蟜枝格，偃蹇杪颠，逾绝梁，腾殊榛，捷垂条，踔希间，牢落陆离，烂漫远迁。

"若此者数百千处，娱游往来，宫宿馆舍，庖厨不徙，后宫不移，百官备具。

"于是乎背秋涉冬，天子校猎。乘镂象，六玉虬，拖蜺旌，靡云旗，前皮轩，后道游；孙叔奉辔，卫公骖乘，扈从横行，出乎四校之中。鼓严簿，纵獠者，江河为阹，泰山为橹，车骑雷起，殷天动地，先后陆离，离散别追，淫淫裔裔，缘陵流泽，云布雨施。

"于是乘舆弭节徘徊，翱翔往来，睨部曲之进退，览将帅之变态。然后侵淫促节，倏夐远去。流离轻禽，蹴履狡兽；轊白鹿，捷狡兔。轶赤电，遗光耀，追怪物，出宇宙，弯蕃弱，满白羽，射游枭，栎蜚遽。择肉而后发，先中而命处。弦矢分，艺殪仆。然后扬节而上浮，凌惊风，历骇飚，乘虚无，与神俱。躏玄鹤，乱昆鸡，遒孔鸾，促鵕鸃，拂翳鸟，捎凤凰，捷鸳鶵，揜焦明。道尽途殚，回车而还。消遥乎襄羊，降集乎北纮，率乎直指，晻乎反乡。蹶石阙，历封峦，过鳷鹊，望露寒，下棠梨，息宜春。西驰宣曲，棹鹢牛首，登龙台，掩细柳，观士大夫之勤略，均猎者之所得获。徒车之所轥轹，步骑之所蹂若，人臣之所蹈藉，与其穷极倦㤞，惊惮詟伏，不被创刃而死者，它它藉藉，填坑满谷，掩平弥泽。"

"于是乎游戏懈怠，置酒乎颢天之台，张乐乎镠辐之宇，撞千石之钟，立万石之虡，建翠华之旗，树灵鼍之鼓。奏陶唐氏之舞，听葛天氏之歌，千人唱，万人和，山陵为之震动，川谷为之荡波。巴、渝、宋、蔡，淮南干遮文成颠歌，族居递奏，金鼓迭起，铿枪闛鞈，洞心骇耳。荆、吴、郑、卫之声，《韶》、《濩》、《武》、《象》之乐，阴淫案衍之音，鄢郢缤纷，《激楚》、《结风》，俳优侏儒，狄鞮之倡，所以娱耳目乐心意者，丽靡烂漫于前，靡曼美色于后。若夫青琴、宓妃之徒，绝殊离俗，妖冶娴都，靓妆刻饰，便嬛绰约，柔桡嫚嫚，妩媚纤弱，曳独茧之褕绁，眇阎易以恤削，便姗嫳屑，与俗殊服，芬芳沤郁，酷烈淑郁，皓齿粲烂，宜笑的皪，长眉连娟，微睇绵藐，色授魂与，心愉于侧。

"于是酒中乐酣，天子芒然而思，似若有亡，曰：'嗟乎，此大奢侈！朕以览听余闲，无事弃日，顺天道以杀伐，时休息以于此，恐后世靡丽，遂往而不返，非所以为继嗣创业垂统也。'于是乎乃解酒罢猎而命有司曰：'地可垦辟，悉为农郊，以赡萌隶，隤墙填堑，使山泽之民得至焉。实陂池而勿禁，虚宫馆面勿仞。发仓廪以救贫穷，补不足，恤鳏寡，存孤独，出德号，省邢罚，改制度，易服色，革正朔，与天下为更始。'

"于是历吉日以斋戒，袭朝服，乘法驾，建华旗，鸣玉鸾，游于六艺之囿，驰骛乎仁义之涂，览观《春歌》之林，射《狸首》，兼《驺虞》，弋玄鹤，舞干戚，载云罕，揜群雅，悲《伐檀》，乐《乐胥》，修容乎《礼》园，翱翔乎《书》圃，述《易》道，放怪兽，登明堂，坐清庙，次群臣，奏得失，四海之内靡不受获。于斯之时，天下大说，乡风而听，随流而化，喟然兴道而迁义，刑错而不用，德隆于三皇，功羡于五帝。若此，故猎乃可喜也。

"若夫终日驰骋，劳神苦形，罢车马之用，抚士卒之精，费府库之财，而无德厚之恩，务在独乐，不顾众庶，忘国家之政，贪雉兔之获；则仁者不繇也。

"从此观之，齐楚之事，岂不哀哉！地方不过千里，而囿居九百，是草本不得垦辟而人无所食也，夫以诸侯之细，而乐万乘之所侈，仆恐百姓被其尤也。"

于是二子愀然改容，超若自失，逡巡避席，曰："鄙人固陋，不知忌讳，乃今日见教，谨受命矣。"

赋奏，天子以为郎。无是公言天子上林广大，山谷水泉万物，乃子虚言楚云梦所有甚众，侈靡过其实，且非义理所尚，故删取其要，归正道而论之。

相如为郎数岁，会唐蒙使略通夜郎西僰中，发巴蜀吏卒千人，郡又多为发转漕万余人，用兴法诛其渠帅，巴蜀民大惊恐。上闻之，乃使相如责唐蒙，因喻告巴蜀民以非上意。檄曰：

告巴、蜀太守：蛮夷自擅，不讨之日久矣，时侵犯边境，劳士大夫。陛下即位，存抚天下，辑安中国，然后兴师出兵，北征匈奴，单于怖骇，交臂受事，屈膝请和。康居西域，重译纳贡，稽首来享。移师东指，闽越相诛；右吊番禺，太子入朝。南夷之君，西僰之长，常效贡职，不敢怠堕，延颈举踵，喁喁然，皆争归义，欲为臣妾，道里辽远，山川阻深，不能自致。

夫不顺者已诛，而为善者未赏，故遣中郎将往宾之，发巴、蜀之士各百人以奉币，卫使者不然，靡有兵革之事，战斗之患。今闻其乃发军兴制，惊惧子弟，忧患长老，郡又擅为转粟运输，皆非陛下之意也。当行者或亡逃自贼杀，亦非人臣之节也。

夫边郡之士，闻烽举燧燔，皆摄弓而弛，荷兵而走，流汗相属，唯恐居后，触白刃，冒流矢，议不反顾，计不旋踵，人怀怒心，如报私仇。彼岂乐死恶生，非编列之民，而与巴、蜀异主哉？计深虑远，急国家之难，而乐尽人臣之道也。故有剖符之封，析珪而爵，位为通侯，居列东第。终则遗显号于后世，传土地于子孙，事行甚忠敬，居位甚安佚，名声施于无穷，功烈著而不灭。是以贤人君子，肝脑涂中原，膏液润野草而不辞也。

今奉币役至南夷，即自贼杀，或亡逃抵诛，身死无名，谥为至愚，耻及父母，为天下笑。人之度量相越，岂不远哉！然此非独行者之罪也，父兄之教不先，子弟之率不谨，寡廉鲜耻，而俗不长厚也。其被刑戮，不亦宜乎！

陛下患使者有司之若彼，悼不肖愚民之如此，故遣信使，晓谕百姓以发卒之事，因数之以不忠死亡之罪，让三老孝弟以不教诲之过。方今田时，重烦百姓，已亲见近县，恐远所溪谷山泽之民不遍闻，檄到，亟下县道，咸谕陛下意，毋忽！

相如还报。唐蒙已略通夜郎，因通西南夷道，发巴、蜀、广汉卒，作者数万人。治道二岁，道不成，士卒多物故，费以巨万计。蜀民及汉用事者多言其不便。是时邛笮之君长闻南夷与汉通，得赏赐多，多欲愿为内臣妾，请吏，比南夷。天子问相如，相如曰："邛、笮、冉、駹者近蜀，道亦易通，秦时尝通为郡县，至汉兴而罢。今诚复通，为置郡县，愈于南夷。"天子以为然，乃拜相如为中郎将，建节往使。副使王然于、壶充国、吕越人驰四乘之传，因巴蜀吏币物以赂西夷。至蜀，蜀太守以下郊迎，县令负弩矢先驱，蜀人以为宠。于是卓王孙、临邛诸公皆因门下献牛酒以交欢。卓王孙喟然而叹，自以得使女尚司马长卿晚，而厚分与其女财，与男等同。司马长卿便略定西夷，邛、筰、冉、駹、斯榆之君皆请为内臣。除边关，关益斥，西至沫、若水，南至牂牁为徼，通零关道，桥孙水以通邛都。还报天子，天子大说。

相如使时，蜀长老多言通西南夷不为用，唯大臣亦以为然。相如欲谏，业已建之，不敢，乃著书，籍以蜀父老为辞，而己诘难之，以风天子，且因宣其使指，令百姓知天子之意。其辞曰：

汉兴七十有八载，德茂存乎六世，威武纷纭，湛恩汪濊，群生澍濡，洋溢乎方外。于是乃命使西征，随流而攘，风之所被，罔不披靡。因朝冉从駹，定筰存邛，略斯榆，举苞满，结轨还辕，东乡将报，至于蜀都。

耆老大夫荐绅先生之徒二十有七人，俨然造焉。辞毕，因进曰："盖闻天子之于夷狄也，其义羁縻勿绝而已。今罢三郡之士，通夜郎之途，三年于兹而功不竟，士卒劳倦，万民不赡；今又接以西夷，百姓力屈，恐不能卒业，此亦使者之累也，窃为左右患之。且夫邛、筰、西僰之与中国并也，历年兹多不可记已。仁者不以德来，强者不以力并，意者其殆不可乎！今割齐民以附夷狄，弊所恃以事无用。鄙人固陋，不识所谓。"

使者曰："乌谓此邪！必若所云，则是蜀不变服而巴不化俗也。余尚恶闻若说。然斯事体大，固非观者之所觏也。余之行急，其详不可闻已。请为大夫粗陈其略：

"盖世必有非常之人，然后有非常之事；有非常之事，然后有非常之功。非常者，固常人之所异也。故曰非常之原，黎民惧焉；及臻厥成，天下晏如也。昔者洪水沸出，泛滥衍溢，人民登降移徙，崎岖而不安。夏后氏戚之，及堙洪水，决江疏河，洒沉赡菑，东归之于海，而天下永宁。当斯之勤，岂唯民哉？心烦于虑而身亲其劳，躬腠无胈，肤不生毛，故休烈显乎无穷，声称浃乎于兹。

"且夫贤君之践位也，岂特委琐握齪，拘文牵俗，循诵习传，当世取说云尔哉！必将崇论闳议，创业垂统，为万世规。故驰骛乎兼容并包，而勤思乎参天贰地。且《诗》不云乎，'普天之下，莫非王土；率土之滨，莫非王臣。'是以六合之内，八方之外，浸浔衍溢，怀生之物有不浸润于泽者，贤君耻之。今封疆之内，冠带之伦，咸获嘉祉，靡有阙遗矣。而夷狄殊俗之国，辽接异党之地，舟舆不通，人迹罕至，政教未加，流风犹微。内之则犯义侵礼于边境，外之则邪行横作：放弑其上，君臣易位，尊卑失序，父兄不辜，幼孤为奴，系累号泣，内向而怨，曰：'盖闻中国有至仁焉，德洋而恩普，物靡不得其所，今独曷为遗己！'举踵思慕，若枯旱之望雨。鳌夫为之垂涕，况乎上圣，又恶能已？故北出师以讨强胡，南驰使以诮劲越。四面风德，二方之君鳞集仰流，愿得受号者以亿计。故乃关沫若，徽牂牁，镂灵山，梁孙原。创道德之途，垂仁义之统。将博恩广施，远抚长驾，使疏逖不闭，阻深暗昧，得耀乎光明，以偃甲兵于此，而息诛伐于彼。遐迩一体，中外褆福，不亦康乎？夫拯民于沉溺，奉至尊之休德，反衰世之陵迟，继周氏之绝业，斯乃天子之急务也。百姓虽劳，又恶可以已哉？

"且夫王事固未有不始于忧勤，而终于佚乐者也。然则受命之符合在于此矣。方将增泰山之封，加梁父之事，鸣和鸾，扬乐颂，上咸五，下登三。观者未睹指，闻者未闻音，犹鹓鸰已翔乎寥廓，而罗者犹视乎薮泽。悲夫！"

于是诸大夫芒然其所怀来，而失阙所以进，喟然并称曰："允哉汉德，此鄙人之所愿闻也。百姓虽怠，请以身先之。"敞罔靡徙，因迁延而辞避。

其后人有上书言相如使时受金，失官。居岁余，复召为郎。

相如口吃而善著书。常有消渴疾。与卓氏婚，饶于财。其进仕宦，未尝肯与公卿国家之事，称病间居，不慕官爵。常从上至长杨猎，是时天子方好自击熊豕，驰逐野兽，相如上疏谏之。其辞曰：

臣闻物有同类而殊能者，故力称乌获，捷言庆忌，勇期贲、育。臣之愚，窃以为人诚有之，兽亦宜然。今陛下好陵阻险，射猛兽，卒然遇轶材之兽，骇不存之地，犯属车之清尘，舆不及还辕，人不暇施巧，虽有乌获、逢蒙之伎，力不得用，枯木朽株尽为害矣。是胡越起于毂下，而羌夷接轸也，岂不殆哉！虽万全无患，然本非天子之所宜也。

且夫清道而后行，中路而后驰，犹时有御橛之变，而况涉乎蓬蒿，驰乎丘坟，前有利兽之乐而内无存变之意，其为祸也不亦难矣！夫轻万乘之重不以为安而乐，出于万有一危之途以为娱，臣窃为陛下不取也。

盖明者远见于未萌而智者避危于无形，祸固多藏于隐微而发于人之所忽者也。故鄙谚曰"家累千金，坐不垂堂"。此言虽小，可以喻大。臣愿陛下之留意幸察。

上善之。还过宜春宫，相如奏赋以哀二世行失也。其辞曰：

登陵阤之长阪兮，坌入曾宫之嵯峨。临曲江之隑州兮，望南山之参差。岩岩深山之谾谾兮，通谷豁乎谽谺。汨减靅以永逝兮，注平皋之广衍。观众树之塿蓻兮，览竹林之榛榛。东驰土山兮，北揭石濑。弭节容与兮，历吊二世。持身不谨兮，亡国失势。信谗不寤兮，宗庙灭绝。呜呼哀哉！操行之不得兮，墓芜秽而不修，魂亡归而不食。夐邈绝而不齐兮，弥久远而愈休。精罔阆而飞扬兮，拾九天而永逝。呜呼哀哉！

相如拜为孝文园令。天子既美子虚之事，相如见上好仙道，因曰："上林之事未足美也，尚有靡者。臣尝为大人赋，未就，请具而奏之。"相如以为列仙之传居山泽间，形容甚癯，此非帝王之仙意也，乃遂就大人赋。其辞曰：

世有大人兮，在于中州。宅弥万里兮，曾不足以少留。悲世俗之迫隘兮，朅轻举而远游。垂绛幡之素蜺兮，载云气而上浮。建格泽之长竿兮，总光耀之采旄。垂旬始以为幓兮，抴彗星而为髾。掉指桥以偃蹇兮，又旖旎以招摇。揽欃枪以为旌兮，靡屈虹而为绸。红杳渺以眩湣兮，猋风涌而云浮。驾应龙象舆之蠖略逶丽兮，骖赤螭青虬之蚴蟉蜿蜒。低卬夭蟜据以骄骜兮，诎折隆穷躩以连卷。沛艾赳螑仡以佁儗兮，放散畔岸骧以孱颜。跮踱辖辖容以委丽兮，蜩蟉偃蹇怵以梁倚。纠蓼叫奡蹋以艐路兮，蔑蒙踊跃腾而狂趡。莅飒卉翕熛至电过兮，焕然雾除，霍然云消。

邪绝少阳而登太阴兮，与真人乎相求。互折窈窕以右转兮，横厉飞泉以正东。悉征灵圉而选之兮，部乘众神于瑶光。使五帝先导兮，反太一而后陵从。左玄冥而右含雷兮，前陆离而后潏湟。斯征伯侨而役羡门兮，属岐伯使尚方。祝融惊而跸御兮，清氛气而后行。屯余车其万乘兮，綷云盖而树华旗。使句芒其将行兮，吾欲往乎南嬉。

历唐尧于崇山兮，过虞舜于九疑。纷湛湛其差错兮，杂遝胶葛以方驰。骚扰冲苁其相纷挐兮，滂濞泱轧洒以林离。攒罗列聚丛以茏茸兮，衍曼流烂坛以陆离。径入雷室之砰磷郁律兮，洞出鬼谷之崛礨嵬石褢。遍览八纮而观四荒兮，朅渡九江而越五河。经营炎火而浮弱水兮，杭绝浮渚而涉流沙。奄息葱极泛滥水嬉兮，使灵娲鼓瑟而舞冯夷。时若薆薆将混浊兮，召屏翳诛风伯而刑雨师。西望昆仑之轧沕洸忽兮，直径驰乎三危。排阊阖而入帝宫兮，载玉女而与之归。登阆风而遥集兮，亢乌腾而一止。低回阴山翔以纡曲兮，吾乃今目睹西王母曋然白首。戴胜而穴处兮，亦幸有三足乌为之使。必长生若此而不死兮，虽济万世不足以喜。

回车朅来兮，绝道不周，会食幽都。呼吸沆瀣兮餐朝霞，噍咀芝英兮叽琼华。僸侵浔而高纵兮，纷鸿涌而上厉。贯列缺之倒景兮，涉丰隆之滂沛。驰游道而脩降兮，骛遗雾而远逝。迫区中之隘陕兮，舒节出乎北垠。遗屯骑于玄阙兮，轶先驱于寒门。下峥嵘而无地兮，上寥廓而无天。视眩眠而无见兮，听惝恍而无闻。乘虚无而上假兮，超无友而独存。

相如既奏大人之颂，天子大说，飘飘有凌云之气，似游天地之间意。

相如既病免，家居茂陵。天子曰："司马相如病甚，可往从悉取其书；若不然，后失之矣。"使所忠往，而相如已死，家无书。问其妻，对曰："长卿固未尝有书也。时时著书，人又取去，即空居。长卿未死时，为一卷书，曰有使者来求书，奏之。无他书。"其遗札书言封禅事，奏所忠。忠奏其书，天子异之。其书曰：

伊上古之初肇，自昊穹兮生民。历撰列辟，以迄于秦。率迩者踵武，逖听者风声。纷纶葳蕤，堙灭而不称者，不可胜数也。续韶夏，崇号谥，略可道者七十有二君。罔若淑而不昌，畴逆失而能存？

轩辕之前，遐哉邈乎，其详不可得闻也。五三六经载籍之传，维见可观也。书曰："元首明哉，股肱良哉。"因斯以谈，君莫盛于唐尧，臣莫贤于后稷。后稷创业于唐，公刘发迹于西戎，文王改制，爰周郅隆，大行越成，而后陵夷衰微，千载无声，岂不善始善终哉！然无异端，慎所由于前，谨遗教于后耳。故轨迹夷易，易遵也；湛恩濛涌，易丰也；宪度著明，易则也；垂统理顺，易继也。是以业隆于襁褓而崇冠于二后。揆其所元，终都攸卒，未有殊尤绝迹可考于今者也。然犹蹑梁父，登泰山，建显号，施尊名。大汉之德，逢涌原泉，沕潏漫衍，旁魄四塞，云专雾散，上畅九垓，下溯八埏。怀生之类沾濡浸润，协气横流，武节飘逝，迩陕游原，迥阔泳沫，首恶湮没，暗昧昭晳，昆虫凯泽，回首面内。然后囿驺虞之珍群，徼麋鹿之怪兽，荐一茎六穗于庖，牺双觡共抵之兽，获周余珍收龟于岐，招翠黄乘龙于沼。鬼神接灵圉，宾于间馆。奇物谲诡，俶傥穷变。钦哉，符瑞臻兹，犹以为薄，不敢道封禅。盖周跃鱼陨杭，休之以燎，微夫斯之为符也，以登介丘，不亦恧乎！进让之道，其何爽与！

于是大司马进曰："陛下仁育群生，义征不憓，诸夏乐贡，百蛮执贽，德侔往初，功无与二，休烈浃洽，符瑞众变，期应绍至，不特创见。意者泰山、梁父设坛场望幸，盖号以况荣，上帝垂恩储祉，将以荐成，陛下谦让而弗发也。挈三神之欢，缺王道之仪，群臣恧焉。或谓且天为质暗，示珍符固不可辞；若然辞之，是泰山靡记而梁父靡几也。亦各并时而荣，咸济世而屈，说者尚何称于后，而云七十二君乎？夫修德以锡符，奉符以行事，不为进越。故圣王弗替，而修礼地祇，谒款天神，勒功中岳，以彰至尊，舒盛德，发号荣，受厚福，以浸黎民也。皇皇哉斯事！天下之壮观，王者之丕业，不可贬也。愿陛下全之。而后因杂荐绅先生之略术，使获耀日月之末光绝炎，以展采错事，犹兼正列其义，校饬厥文，作春秋一艺，将袭旧六为七，摅之无穷，俾万世得激清流，扬微波，蜚英声，腾茂实。前圣之所以永保鸿名而常为称首者用此，宜命掌故悉奏其义而览焉。"

于是天子沛然改容，曰："愉乎，朕其试哉！"乃迁思回虑，总公卿之议，询封禅之事，诗大泽之博，广符瑞之富。乃作颂曰：

自我天覆，云之油油。甘露时雨，厥壤可游。滋液渗漉，何生不育；嘉谷六穗，我穑曷蓄。

非唯雨之，又润泽之；非唯濡之，泛尃濩之。万物熙熙，怀而慕思。名山显位，望君之来。君乎君乎，侯不迈哉！

般般之兽，乐我君囿；白质黑章，其仪可喜；旼旼睦睦，君子之能。盖闻其声，今观其来。厥涂靡踪，天瑞之征。兹亦于舜，虞氏以兴。

濯濯之麟，游彼灵畤。孟冬十月，君俎郊祀。驰我君舆，帝以享祉。三代之前，盖未尝有。

宛宛黄龙，兴德而升；采色炫燿，熿炳辉煌。正阳显见，觉寤黎烝，于传载之，云受命所乘。

厥之有章，不必谆谆。依类托寓，谕以封峦。

披艺观之，天人之际已交，上下相发允答。圣王之德，兢兢翼翼也。故曰"兴必虑衰，安必思危"。是以汤武至尊严，不失肃祗；舜在假典，顾省厥遗：此之谓也。

司马相如既卒五岁，天子始祭后土。八年而遂先礼中岳，封于太山，至梁父禅肃然。

相如他所著，若遗平陵侯书、与五公子相难、草木书篇不采，采其尤著公卿者云。

太史公曰：春秋推见至隐，易本隐之以显，大雅言王公大人而德逮黎庶，小雅讥小己之得失，其流及上。所以言虽外殊，其合德一也。相如虽多虚辞滥说，然其要归引之节俭，此与诗之风谏何异。扬雄以为靡丽之赋，劝百风一，犹驰骋郑卫之声，曲终而奏雅，不已亏乎？余采其语可论者著于篇。

图书在版编目(CIP)数据

你若不离不弃,我必生死相依:司马相如与卓文君的千古韵事 / 张筱芃著.
—北京:中国华侨出版社,2015.6

　ISBN 978-7-5113-5470-9

　Ⅰ.①你…　Ⅱ.①张…　Ⅲ.①司马相如(前179~前117)-生平事迹
Ⅳ.①K825.6

中国版本图书馆 CIP 数据核字(2015)第133683号

你若不离不弃,我必生死相依:司马相如与卓文君的千古韵事

著　　者 / 张筱芃
责任编辑 / 文　蕾
责任校对 / 孙　丽
经　　销 / 新华书店
开　　本 / 710毫米×1000毫米　1/16　印张/16　字数/201千字
印　　刷 / 北京军迪印刷有限责任公司
版　　次 / 2015年8月第1版　2020年5月第2次印刷
书　　号 / ISBN 978-7-5113-5470-9
定　　价 / 48.00元

中国华侨出版社　北京市朝阳区静安里26号通成达大厦3层　邮编:100028
法律顾问:陈鹰律师事务所
编辑部:(010)64443056　　64443979
发行部:(010)64443051　　传真:(010)64439708
网址:www.oveaschin.com
E-mail:oveaschin@sina.com